SIMON MARSDEN · GEISTERSUCHE

Geistersuche

Simon Marsden

Eulen Verlag

Für Tadgh Orlando Marsden

Aus dem Englischen von Christine Mauch

Schmutztitelseite: Wasserspeier,
Das Reiche Tor, Bamberg
Titelseite: Killua Castle,
Clonmellon, County Westmeath, Irland

Einige der in diesem Buch erwähnten Häuser sind Privateigentum
und daher nicht öffentlich zugänglich. Der Autor bittet die Leser,
die Privatsphäre der Bewohner zu respektieren.

Der Autor hat jede Anstrengung unternommen, die in diesem Buch
wiedergegebenen Darstellungen auf ihre historische Richtigkeit hin
zu überprüfen. Diese beruhen jedoch häufig auf mündlicher Überlieferung,
die von Generation zu Generation weitergegeben wurde.
Daher ist eine eindeutige Beurteilung nicht immer möglich gewesen.
In diesen Fällen mußte sich der Autor für den Abdruck der
am glaubwürdigsten erscheinenden Version entscheiden.

In Zusammenarbeit mit
Little, Brown and Company (UK), London

2. Auflage 1996

Gestaltung: Andrew Barron and Collis Clements Associates
Reproduktionen: Chroma Graphics, Singapur
Satz: F. X. Stückle, Ettenheim
Druck und Einband: CS Graphics PTE Limited, Singapur

ISBN 3-89102-256-5

INHALT

EINLEITUNG

Mit durchdringendem Blick starrte der alte grauhaarige Mann auf die kleine Gruppe der Einheimischen, die sich vor ihm versammelt hatte. Im schwachen Schein der Lampen stellte er langsam sein zur Hälfte geleertes Bierglas auf den Holztisch. Kein Laut war zu vernehmen in dem kleinen Raum, bis auf das gelegentliche Knacken der Holzscheite im Kaminfeuer und das Husten einer gebrechlichen Alten. Mit leiser bedächtiger Stimme begann er zu sprechen:

„Die Geschichte, die ich euch erzählen werde, habe ich von meinem Großvater gehört, und dieser wiederum von seinem Großvater. Vor langer, langer Zeit lebte in einem großen Schloß im Burren ein tyrannischer Chief, der grausamer war als alle anderen. Dieser schreckliche Lord hatte einen einzigen Sohn, der im Gegensatz zu seinem Vater ein freundlicher und zarter Junge war. Er lebte in Angst und Schrecken vor seinem Vater, mehr noch aber fürchtete er sich vor einem Zimmer im Schloß, auf dem seit unbestimmten Zeiten ein Fluch lag. Es wurde das ‚Spukzimmer' genannt, und seine Tür war immer verschlossen. Sollte ein Mitglied der Familie in diesem Raum schlafen, hörte es womöglich tief in der Nacht den Schrei der Todesfee des Clans – was in Irland als schlechtes Omen gilt – und wäre zu lebenslangem Schlaf oder Schlimmerem verdammt.

Die Jahre vergingen, der junge Mann verliebte sich in die schöne Tochter des Chiefs eines benachbarten Clans, und ihre Vermählung wurde vereinbart. Einige Tage vor der Hochzeit jedoch beschlossen seine Freunde, ihm einen Streich zu spielen. Sie machten ihn allmählich betrunken und mischten dann ein starkes Schlafmittel in seinen Kelch, so daß er in einen tiefen Schlummer fiel. Danach verkleideten sie sich als Greise, brachen die Tür zum „Spukzimmer" auf, trugen den jungen Mann hinein und legten ihn auf das mit Staub und Spinnweben bedeckte Bett ...

Stunden später erwachte der junge Mann voller Entsetzen. Er glaubte, als Opfer des Fluches viele Jahre geschlafen zu haben. Seine Freunde, die ihren Spaß ausgekostet hatten, nahmen ihre Masken ab und verspotteten ihn ob seiner Torheit, an den Fluch zu glauben. Aber es war zu spät. Der junge Mann war von Sinnen. Er hatte vollständig den Verstand verloren und sollte den Rest seiner Tage in einem erbarmungswürdigen Zustand verbringen; er weigerte sich, jemals das Schloß zu verlassen. Bis zu seinem Lebensende wurde er von seiner Verlobten treu gepflegt, von der er immerzu sagte, daß sie ihn so sehr an seine längst verstorbene Liebste erinnere."

Grabmal auf dem Friedhof der Kreuzkirche, Zittau, Deutschland.

Der alte Mann hob sein Glas und leerte es in einem Zug, musterte dann jeden einzelnen seiner Zuhörer und fügte hinzu: „Der Geist dieser unglücklichen jungen Frau ist es, der immer noch in dem verfallenen Turm umgeht. Wir können ihre blasse Erscheinung im wallenden Nebel erkennen, wenn sie traurig durch die bröckelnden Mauern zieht."

Barocke Statue in Cluj-Napoca, Transsilvanien, Rumänien.

Ich hatte einen *Seanchui* gehört, das ist die gälische Bezeichnung für einen Geschichtenerzähler. Der glückliche Umstand, einen solchen Erzähler getroffen zu haben, inspirierte mich zu meiner nächsten Reise ins Unbekannte.

In zweien meiner früheren Bücher, *The Haunted Realm* und *Phantoms of the Isles* (dt.: *Im Reich der Geister,* Eulen Verlag 1992), beschäftigte ich mich ausschließlich mit Spukerscheinungen und anderen paranormalen Phänomenen auf den Britischen Inseln. In diesem Buch wollte ich mich intensiver mit anderen europäischen Ländern befassen, einschließlich des wenig erforschten östlichen Teils. Obwohl die Überlieferungen über Geister in diesen Regionen im Vergleich zu den Britischen Inseln weniger gut dokumentiert sind, erwiesen sie sich sogar als noch bizarrer und schreckensreicher. Ich hätte mir nicht träumen lassen, daß meine Reise mich schließlich zu Draculas Grab führen würde, wußte ich doch anfangs nicht einmal von seiner Existenz.

Es schien angebracht, von Irland aus aufzubrechen, dem am weitesten westlich gelegenen Teil Europas, wo die Bevölkerung ihre alte Geschichte noch respektiert und eng mit der Natur verbunden lebt. Beenden wollte ich die Reise in Transsilvanien – für viele nur der fiktive Schauplatz von Bram Stokers *Dracula* –, das meinen Erwartungen nur allzu gerecht wurde und sie sogar noch übertraf. Das Übernatürliche ist dort überall gegenwärtig, von den heulenden Wölfen in den dunklen Karpaten bis hin zu den sagenumwobenen Zigeunern und ihren Erzählungen von den *Strigoi,* den Vampiren. Dazu kommt noch das Vermächtnis des wahren Draculas: Vlad der Pfähler, dessen schauerliche Freveltaten aus dem späten fünfzehnten Jahrhundert immer noch seine Burg heimsuchen. In Frankreich spuken die Geister der verfolgten Katharer, den Opfern eines gewalttätigen Kreuzzuges im dreizehnten Jahrhundert, durch ihre tief in den rauhen und unzugänglichen Pyrenäen gelegenen Burgen, und ein kleines Dorf in der früheren DDR ist überschattet von der Mumie des Nackten Ritters. Im Westen Deutschlands erkundete ich Burg Frankenstein, die Mary Shelley zu ihrem Schauerroman inspirierte, und wo die Legende eines Ungeheuers umgeht.

Ich bin nach wie vor der festen Überzeugung, daß parallel zu unserer sogenannten Realität eine verborgene, völlig andere geistige Welt existiert, die sich jedem unter den entsprechenden Umständen enthüllen kann, wenn wir nur unsere ureigensten Ängste vor dem Unbekannten überwinden und damit empfänglich werden für das hinter den materiellen Erscheinungen versteckte Geheimnis. Die Kelten z. B. glauben, daß die Menschen an bestimmten heiligen Stätten (siehe Littledean Hall in England) die Schwelle zu dieser übernatürlichen Welt überschreiten können, daß sie dort über eine Grenze treten, wie sie es nennen, was meiner Meinung nach zu einem besseren Verständnis der zahlreichen paranormalen Phänomene an diesen Orten führen könnte.

Der Schriftsteller Colin Wilson beschreibt das gleichzeitige Vorhandensein dieser anderen Welt mit folgender Analogie: Ein Mann fährt nachts mit hoher Geschwindigkeit über Land. Die Scheinwerfer sind aufgeblendet und das Radio plärrt. Plötzlich verlangsamt er das Tempo, schaltet das Radio aus, blendet die Scheinwerfer ab und kurbelt die Fenster herunter. Jetzt ist er offen für eine vollkommen andere Wahrnehmung der Welt, wie sie nur allzu oft von den Anforderungen und dem Tempo des modernen

Ein Schrein (oben) am Rand der Straße zum Rotenturmpaß, Wallachei, Rumänien. Rechts: Mountshannon, Castleconnell, County Limerick, Irland.

Alltags verdrängt wird. Wilson zufolge sind wir erst in diesem gehobeneren Zustand wirklich lebendig. Ich erinnere mich, in einem Buch gelesen zu haben, wie die Hexen früher ganz alleine eine Nacht unbekleidet mitten im Wald zugebracht hatten, im Glauben, daß ihnen nach bestandener Mutprobe große Macht über andere rein Sterbliche erwachsen würde.

Wir leben in einer Zeit, die den Stellenwert und die Erkenntnisse der modernen Wissenschaft mitsamt ihrem Dogma, daß alles Lebende feststofflich sei, in Frage stellt. Es fällt mir schwer, eine neue Technologie wie „Virtual Reality" ernstzunehmen, bei der mittels Computer Meisterwerke der Baukunst wieder erfunden werden sollen, während wir sie real gerade zerstören; oder die Gentechnik, mit deren Hilfe sich der Mensch in seinem Unverstand in die Natur einmischt, um das „perfekte" Tier zu schaffen oder, schlimmer noch, mit dem menschlichen Leben herumexperimentiert.

Statuen vor dem Neuen Palais in Potsdam, Deutschland.

Ein in den Pyrenäen lebender englischer Maler hatte jahrelang Artikel über außergewöhnliche Ereignisse aus Büchern und Zeitschriften gesammelt, und einer davon geht näher darauf ein, wie kürzlich bei Gewittern die Abdrücke geisterhafter Gesichter auf Fensterscheiben erschienen. Bestimmte Chemikalien, die sich die Jahre über auf der Glasoberfläche angesammelt hatten, wirkten bei der Belichtung durch einen Blitz wie eine photographische Lösung, und so konnte ein Bild der Person entstehen, die sich zu diesem Zeitpunkt im Raum befand. Solche photographischen Chemikalien können sich natürlich auf jeder unbelebten Fläche ablagern und bei Belichtung entsprechend reagieren. Ein zweiter Artikel beschäftigte sich mit Thermo-Lumineszenz, einer Methode, mit der das Alter von Porzellan und Tonwaren bestimmt wird. Anscheinend nimmt jedes Tonobjekt, auch ein ganz gewöhnlicher Ziegelstein, die Ausrichtung des magnetischen Feldes des Ortes an, an dem es gebrannt wird; die Information wird in der kristallinen Struktur gespeichert und kann durch diese Methode sichtbar gemacht werden. Könnten solche Konzepte nicht auch zur Klärung der „Im prägnationstheorie" bei Geistererscheinungen dienen, derzufolge unbelebte Gegenstände wie Steine oder Holz, die in alten Gebäuden häufig zu finden sind, ihr eigenes Energiefeld haben, in das extreme menschliche Gefühlsregungen „eingeprägt" und bei Reaktivierung wieder abgespielt werden?

Wir müssen das vergessene Wissen unserer Vorfahren wiederentdecken und von neuem lernen, die Natur zu bewundern und ihre Kraft und Geheimnisse zu respektieren. In den abgelegenen, stilleren Winkeln unserer Erde herrscht das unbestimmte Gefühl, daß wir nicht alleine sind. Wenn wir in der Abenddämmerung an einem verfallenen Landhaus oder einer mondbeschienenen Abtei vorbeispazieren, wissen wir, daß innerhalb der bröckelnden Mauern dunkle Geister aus längst vergangener Zeit lauern ... die uns beobachten ... und warten.

Friedhof in einem transsilvanischen Dorf, Rumänien.

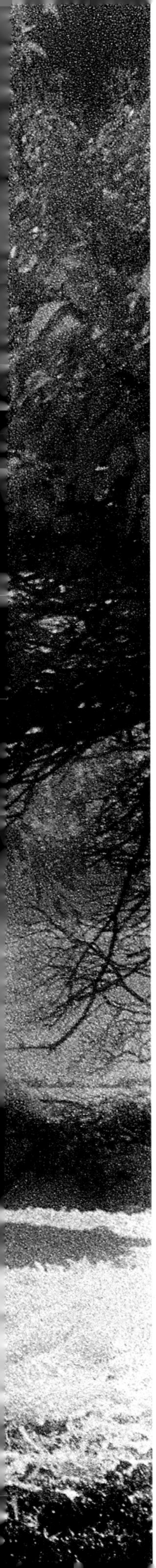

IRLAND

Das ist alles, was die drei Männer mir erzählt haben, und wenn ich ihrer Rede und ihres Schweigens gedenke, ihres Kommens und Gehens, bin ich beinahe überzeugt, ich hätte, wäre ich ihnen aus dem Hause gefolgt, keine Fußspuren im Schnee gefunden. Sie mögen, sofern ich oder ein anderer Mensch überhaupt etwas davon wissen kann, selber unsterblich gewesen sein: unsterbliche Dämonen, die gekommen waren, meinem Geist eine unwahre Geschichte einzuflüstern mit einer Absicht, die ich nicht begreife.

Die Anbetung der drei Weisen, W. B. Yeats (1860 – 1939)

Man sagt, daß kreative Inspiration Teil eines universellen Unterbewußten ist, und daß bestimmte magische Gedanken „in der Luft liegen" und jedem zugänglich sind, sofern er nur offen und interessiert ist. So gesehen ist Irland mit seiner mächtigen keltischen Vergangenheit gewiß eine Schatzkammer des Übernatürlichen. Irische Schriftsteller, vor allem Yeats, Jonathan Swift, Charles Maturin, Bram Stoker, Joseph Sheridan Le Fanu und M. P. Shiel, um nur einige zu nennen, bekundeten immer großes Interesse an phantastischen Sagen und dem Okkulten. Yeats z.B. war Mitglied der geheimen okkulten Gesellschaft „Hermetic Order of the Golden Dawn", die sich in Alchemie und Magie übte, und ein Großteil seiner Gedichte handelt von übernatürlichen Schrecken. In gewisser Hinsicht schien er die Toten den Lebenden vorzuziehen, so wie die Iren im allgemeinen recht zufrieden mit ihren Geistern, Feen und anderen mythologischen Gestalten leben. In diesem Land voller Überraschungen wird klar, wie dünn der Schleier ist zwischen dieser Welt und der nächsten. Hier verschmelzen Mythos, Legende und Realität zu einer keltischen Dämmerung, in der uns uralte Geister zu sich in ihre verfallenen Schlösser und die Wildnis rufen.

Ich persönlich fühle mich von der mächtigen, mythischen Aura dieses Landes wie berauscht; in ihr steckt ein Hauch von zeitloser Ruhe, die die Seele erfüllt. Jeder Fluß, jeder See oder Berg hat seinen prähistorischen Namen, der phantastische Bilder der irischen Landschaft heraufbeschwört. Dieser engen Verbindung mit ihrer Umgebung verdankt die Bevölkerung ein Gefühl von Sicherheit, an dem es vielen ihrer europäischen Nachbarn gebricht.

Im Burren, einer geheimnisvollen Gegend voller Spukschlösser und eigenartiger Landzüge, traf ich auf eine unwiderstehliche Magie, die mich zugleich fesselte und zermürbte. Wieder andernorts wurden die zahlreichen anglo-irischen Herrenhäuser durch Geistergeschichten und andere bizarre Erzählungen, die sich um sie ranken, geradezu lebendig. Irlands mythischer Atmosphäre wird großer Einfluß auf die englischen Siedler des siebzehnten Jahrhunderts zugeschrieben, die nach und nach ihre Lebensweise veränderten, als sie begannen, mehr auf die Stimme ihres Herzens zu hören. In meiner Vorstellung nährt Irland eine zarte Verschrobenheit, anstatt den Wahnsinn der sogenannten Realität zu unterstützen.

GEISTER DER TOTEN

Burren, County Clare

Ein wildes Land, trägt weder Wasser genug, einen Mann zu ertränken, noch einen Baum, ihn zu erhängen, noch Erde genug, ihn zu begraben."

Diese Beschreibung der Gegend an der Westküste Irlands, die als Burren bekannt ist, geht auf das siebzehnte Jahrhundert zurück und stammt von General Ludlow, der als Befehlshaber der vorrückenden englischen Armee unter Oliver Cromwell versuchte, die einheimische irische Bevölkerung zu unterwerfen. Burren, oder *Bhoireann* auf gälisch, bedeutet „Großer Felsen", und in ganz Europa findet sich keine vergleichbare Landschaft. Vor mehr als 300 Millionen Jahren lag das Gebiet im Meer versunken, und seither formten Zeit und Naturgewalten die merkwürdige, fast mondähnliche Landschaft, die sich unseren Augen heute bietet. Auf riesigen Platten lilafarbenen Kalksteins türmen sich kleine Felsbrocken zu wirren Haufen; die weit ins Innere der Berge hineinreichenden Höhlen beherbergen merkwürdige Stalaktiten sowie die Gerippe von Bären, Rentieren und dem ausgestorbenen Irischen Elch. Vereinzelte Seen, die Turloughs, erscheinen und verschwinden wie von Zauberhand durch Löcher im Gestein. Mächtige Klippen ragen aus dem Meer empor, und versteckte Täler, durch grasbewachsene Pfade verbunden, bieten seltenen Tieren und Pflanzen Schutz. Diese einzigartige Landschaft ist seit Menschengedenken bewohnt, und vieles legt Zeugnis davon ab: megalithische Grabstätten und Ringwälle, Burgen und efeubewachsene Türme alter Clans, verlassene Dörfer, Hochkreuze und heilige Brunnen.

Porträt der Máire Rua O'Brien, um 1640. Die Gerüchte über ihre Wollust und Brutalität geistern durch den Burren. Vorhergehende Seiten: Lackeen Castle, Lorrha, County Tipperary.

Ich brachte Tage mit Fahrten und Wanderungen durch den Burren zu, bewunderte die Schönheit und Ruhe, und war doch oft zermürbt von dem Anblick, der sich meinen Augen bot. Die länglichen Kalksteinplatten ähnelten hunderten von Sargdeckeln, die unter meinen Schritten schaurig zitterten. Unter Erde und Gras verbargen sich tiefe Spalten im Fels, durch die man nur zu leicht abstürzen konnte. Was mag darunter verborgen liegen, fragte ich mich. Auch die zahlreichen beeindruckenden Dolmen waren einst mit Erde bedeckt; dort, im Uterus der Mutter Erde, wurden Helden und Stammeshäuptlinge in fetaler Position begraben und warten seither auf ihre Wiedergeburt.

Auf meinen Erkundungsgängen begegnete ich oft der düsteren, bedrohlichen Ruine von Leamaneh Castle. Erst in der dritten Nacht meines Besuches, als ich bei zwei Freunden aus England, die sich im Burren niedergelassen haben, zum Abendessen eingeladen war, sollte ich die Geschichte dieser Burg erfahren.

Máire Rua sei gewalttätig und grausam gewesen und ließ, so heißt es, mißliebige Diener an den Kragsteinen von Leamaneh Castle aufhängen, Männer am Genick, Frauen an ihren Haaren.

Die O'Briens, Nachfahren von Brian Boru, dem legendären Hochkönig Irlands

aus dem elften Jahrhundert, waren einst der mächtigste Clan der ganzen Region, und Leamaneh Castle ist eine der zweiundzwanzig Befestigungen im County Clare, die während des fünfzehnten Jahrhunderts in ihrem Besitz waren. Der Hauptturm wurde 1480 erbaut, später wurden das Herrenhaus, der Wildpark und die großartigen Tore hinzugefügt. Immer wird dieses Anwesen mit Máire Rua, oder „Red Mary" O'Brien, der ungestümen rothaarigen Teufelin in Verbindung gebracht werden. Sie, eine geborene MacMahon, heiratete 1639 Conor O'Brien, den damaligen Besitzer der Burg. Oft begleitete sie ihren Mann bei seinen Überfällen auf die englischen Invasoren, am 25. Juli 1651 aber geriet Conor in einen Hinterhalt, wurde von Cromwells Leuten verwundet und starb noch in der selben Nacht in den Armen seiner Frau auf Leamaneh. Am nächsten Morgen legte die mutige Dame ihr schönstes Gewand an und machte sich auf den Weg nach Limerick, wo sie General Ireton, Cromwells Oberkommandanten, zu sprechen verlangte. Sie würde jedweden englischen Offizier heiraten, der den Mut dazu habe. Ein junger Fahnenträger namens John Cooper nahm die Herausforderung an; Máire wurde später nachgesagt, sie habe ihn ermordet, indem sie ihn in betrunkenem Zustand auf Leamaneh aus dem Fenster stieß.

Am Strand unterhalb des Doonagore Tower sollen die Geister spanischer Seeleute umgehen, die ihren Schiffbruch überlebten, nur um letztlich hingerichtet zu werden.

Eine Vielzahl solcher Legenden ranken sich um Máire; welche von ihnen der Wahrheit entsprechen, werden wir in einem Land, das so reich ist an mündlichen Überlieferungen, wohl nie erfahren. Angeblich soll Máire eine gewalttätige und grausame Frau gewesen sein, die mißliebige Dienstboten an den Kragsteinen der Burg erhängen ließ, die Männer am Hals, die Frauen an ihren Haaren. Ein unstillbarer sexueller Hunger nach jungen Männern und Frauen wurde ihr nachgesagt; ein weiteres Gerücht besagt, sie habe einen wilden Hengst auf dem Gelände der Burg gehalten und jedem Mann die Ehe versprochen, der das Tier reiten könne. Viele glaubten, sie sei eine Hexe gewesen. Es gibt verschiedene Versionen davon, wie sie schließlich den Tod fand. Eine besagt, sie sei lebendig in einen hohlen Baumstamm gesperrt worden und darin verhungert; eine andere behauptet, sie sei in einer stürmischen Nacht von Ennis nach Corofin geritten, als sich ihr Haar plötzlich in einem Ast verfing, sie vom Pferd gerissen wurde und sich an ihren eigenen Haaren erhängte. Wie auch immer, der Geist dieser bemerkenswerten Frau spukt noch durch die Burg und ihre Umgebung.

Bei diesem Abendessen waren einige einheimische Iren zu Gast, die mir von zwei weiteren Tower Houses aus dem früheren O'Brien-Besitz erzählten, die mit überna-

Der Burren ist eine geheimnisvolle Gegend, in der die Kraft des Aberglaubens und alter Bräuche noch immer ungebrochen ist.

Die wilde Landschaft des Burren ist übersät mit altertümlichen Monumenten: megalithische Grabstätten, Ringwälle und efeuumrankte Türme.

türlichen Phänomenen in Verbindung gebracht werden: Ballynalackan Castle, wo die Umrisse einer unbekannten Frau am Schutzwall in der Nähe des Torbogens gesehen wurden, und Doonagore Tower draußen an der Küste. Dort verurteilte der berüchtigte Hochsheriff von Clare, Boetius Clancy, 1580 – zur Zeit der Armada – die unglücklichen Schiffbrüchigen eines spanischen Schiffes zum Tode. Es heißt, er habe sie ermordet, und daß es seither nicht im Turm, sondern unten am Strand spuke, wo die Geister der völlig durchnäßten, halb ertrunkenen Seeleute umgehen, die ein entsetzliches Martyrium überstanden, nur um auf eine noch schrecklichere Weise den Tod zu finden.

Danach hörte ich von den verborgenen Kräften der Landschaft, von Menschen, die unter geheimnisvollen Umständen stunden-, manchmal tagelang verschwunden waren und dann am Straßenrand oder auf den Kalksteinplatten umherirrend aufgefunden wurden, orientierungslos und ohne jede Erinnerung daran, wie sie dorthin gekommen waren oder was sie getan hatten.

Am nächsten Tag war es sehr heiß, und ich ging zunächst schwimmen, bevor ich zu meiner Wanderung aufbrach, die mich durch ein wunderschönes Tal direkt im Herzen des Burren führte, bis ich schließlich bei einem alten Bauernhaus anlangte. Ein Greis saß mit seinem Hund davor und schien mich nicht zu bemerken. Ich blieb stehen und erkundigte mich nach einigen altertümlichen Steinen, an denen ich etwa eine Meile zuvor vorbeigekommen war. Er blickte immer noch starr geradeaus und erwiderte, ohne mit der Wimper zu zucken: „Das sind die Druidensteine, die der alten Religion dienten.“ Hier ist die Vergangenheit der Menschheit noch in der Landschaft lebendig, und die unsichtbaren Geister der Toten sind überall gegenwärtig.

Steinköpfe wie diese, die von den Mauern abgelegener Kirchen herabstarren, sind ein Erbe der Kelten. Dies tiefreligiöse Volk hob seine Dichter auf einen Schild mit seinen Königen. Gegenüberliegende Seite: Am efeubewachsenen Torbogen von Ballynalackan Castle spukt das Phantom einer verzweifelten Frau aus dem 17. Jahrhundert.

EINE WARNUNG AN DEN NEUGIERIGEN

Annagh Castle, Lough Derg, County Tipperary

Wie ein Geisterschiff ragt sie in die Nacht, die alte Burg des angesehenen O'Kennedy-Clans – ein unermeßlicher Schatz soll hier verborgen sein, der bis heute nicht gefunden wurde. Der Überlieferung zufolge wurde er von Edmond Roe O'Kennedy versteckt, der sich im sechzehnten Jahrhundert gegen die englische Königin Elisabeth I. auflehnte und, als er auf der Festung getötet wurde, sein Geheimnis mit ins Grab nahm. Im Laufe der darauffolgenden Jahre erschien sein Geist mehreren nichtsahnenden Besuchern der Burg. Augenzeugen berichten von einer totenbleichen Erscheinung, die durchschnittene Kehle schwarz von geronnenem Blut.

Ein deutscher Archäologiestudent, der die Stätte 1975 besichtigte, untersuchte eines frühen Sommerabends die Burggewölbe, als er hinter sich ein Keuchen vernahm. Starr vor Schreck wartete er einige Sekunden, bevor er sich langsam umdrehte und eine grauenerregende Erscheinung ausmachte, die oben auf der Treppe stand und ihm den Weg versperrte. Er bekam einen Felsbrocken zu fassen und schleuderte ihn auf das Gespenst, worauf es sich in Luft auflöste. Als ihm einige Wochen später ein Einheimischer die Spukgeschichte erzählte, konnte er nicht umhin, sich zu fragen, ob der Geist ihm Schaden zufügen oder ihm womöglich den Schatz zeigen wollte.

Der Überlieferung zufolge liegt in den brüchigen Mauern von Annagh Castle ein Schatz versteckt, der von der furchterregenden Erscheinung seines früheren Besitzers, Edmond Roe O'Kennedy, bewacht wird.

WENN DIE STUNDE SCHLÄGT

Birr Castle, County Offaly

Eines Tages fielen die Gewichte plötzlich mit lautem Knall zu Boden; später stellte sich heraus, daß die Ehefrau des Mannes, der uns die Uhr geschenkt hatte, genau zu dieser Stunde gestorben war. Einige Jahre danach kippte die ganze Uhr ohne erkenntlichen Grund nach vorne um. Es war die Todesstunde ihres Mannes."

Ich stand im Großen Saal von Birr Castle und lauschte Lady Rosse, die aus den Aufzeichnungen ihrer Schwiegermutter Anne Rosse vorlas, die diese in einer herr-

Das Ziffernblatt der alten Standuhr wirkte bezwingend. Es überraschte mich nicht zu hören, daß diese Uhr bereits exorziert worden war, um seinen übernatürlichen Kräften Einhalt zu gebieten.

lichen Standuhr aufbewahrt hatte. Das jetzt als die „spukende Uhr“ bekannte Möbel wurde Colonel Leonard Messell, Anne Rosses Vater, von seinem holländischen Arbeitgeber anläßlich seiner Hochzeit in New York überreicht. Messell brachte es zurück nach London, wo sich die merkwürdigen Zwischenfälle ereigneten. Jahre später wurden alle Möbel zwischen den drei Kindern aufgeteilt. Als besprochen wurde, wer die Uhr haben sollte, gab diese ein unheimliches Knarren und Stöhnen von sich. Trotz dieser seltsamen Vorkommnisse übernahm Anne Rosse den antiken Chronometer und brachte ihn nach Birr, wo ihm ein Pater namens Dean Owen in einer exorzistischen Sitzung den Teufel austrieb. Seither waren keine größeren Störungen mehr aufgetreten.

Die Rosses waren immer schon eine schillernde Familie gewesen. Peter Somerville-Large beschreibt in seinem Buch *Irish Eccentrics* Richard Parson, den ersten Earl of Rosse, als berüchtigtes Mitglied des irischen Zweigs des „Hell Fire Club“, der sich in Zauberei und Schwarzer Magie versuchte. Der dritte Earl war ein hochangesehener Astrologe, der 1847 ein riesiges Teleskop auf dem Gelände des Schlosses errichtete, das heute noch erhalten ist. Ein dreiviertel Jahrhundert lang war es das größte der Welt – durch seine gewaltige Linse konnte er Objekte in einer Entfernung von mehr als zehn Millionen Lichtjahren beobachten. Seine Frau Mary, Countess of Rosse, teilte seine Leidenschaft für den Sternenhimmel. Sie war eine frühe Pionierin der Photographie, deren größter Ehrgeiz darin lag, den Mond abzulichten. Erst vor kurzem wurde in einem der Türme des Schlosses ihre Dunkelkammer entdeckt, die Flaschen mit den Chemikalien von Staub und Spinnweben bedeckt.

Die jetzige Lady Rosse ist Malerin und Archäologin; sie glaubt, daß ihre Vorfahren aus dem letzten Jahrhundert nicht die ersten auf Birr waren, die sich für Sonne, Mond und Sterne interessierten. Die Burg wurde auf und um den Eingangsturm einer alten Festung gebaut, dem Black Tower, der im Besitz des gefürchteten O’Carroll Clans war. (Der Hauptsitz der O’Carrolls war das nahe Leap Castle, angeblich die gespenstischste Burg Irlands.) Der Saal des jetzigen Schlosses liegt demnach über dem ursprünglichen Eingang aus dem Mittelalter. An einem 21. Dezember, dem Tag der Wintersonnenwende, bemerkte Lady Rosse, daß das Licht der aufgehenden Sonne direkt in ihren Saal schien und somit auch direkt durch den Torbogen der O’Carrolls gefallen sein mußte. Wie alt mochte dieses Tor sein? Es wäre doch möglich, daß die Fundamente der Burg auf einem Ringwall aus der Eisenzeit ruhen. Die direkte Ausrichtung auf die Sonnenwende könnte uns sogar noch weiter zurück in die Vergangenheit zu einem verborgenen Grab oder einer rituellen Stätte führen.

Beim Abendessen unterhielten wir uns über Geister und das Übernatürliche. Lady Rosse erzählte mir, ihr Ehemann habe immer behauptet, daß es in einem Zimmer der Burg spuke, aber er habe sich geweigert, irgendjemandem zu verraten, um welches Zimmer es sich handle oder warum es darin spuke. Am großen Kaminfeuer in der Bibliothek kamen wir überein, daß wir Menschen unsere Geschichte eingehend befragen sollten, denn die Vergangenheit ist immer gegenwärtig, so sehr wir sie auch zu unterdrücken und zu ignorieren versuchen.

Es ist denkbar, daß O’Carroll Castle in Birr auf einem Ringwall aus der Eisenzeit errichtet wurde, oder gar auf einer alten Kultstätte.

Der Ehemann der Lady Rosse behauptete, in einem der Zimmer von Birr Castle spuke es; er verschwieg aber, in welchem.

DER GEIST DER GEFANGENEN

Rathpeak House, Ballinasloe, County Roscommon

Schon als wir Kinder waren, vielleicht acht oder neun Jahre alt, wußten wir, daß es in dem alten Haus spukt. Eine unserer beliebtesten Mutproben war es, mit dem Fahrrad die alte Auffahrt hinaufzufahren, aber selbst bei Tageslicht hätte sich nie jemand in die Ruine hinein gewagt. Unser Vater sagte, daß ein junges Mädchen in einem der oberen Räume einen schrecklichen Tod gefunden hatte, verschwieg aber die näheren Umstände."

Der jetzt neunundsiebzigjährige Michael Sweeney wohnt der gruseligen Fassade von Rathpeak House immer noch fast gegenüber. Die Besitzer des Landes, auf dem sich das verfallene Herrenhaus befindet, hatten mich zu ihm geschickt. Sie selbst waren neu in der Gegend und wußten nichts von seiner Geschichte. Sweeney meinte, für weitere Informationen sollte ich mich mit der Bibliothek der Grafschaft in Verbindung setzen. In der Zwischenzeit kehrte ich zur Ruine zurück, um zu photographieren.

Das zwischen Wiesen und Feldern gelegene Haus bietet einen furchterregenden Anblick. Bei näherem Herantreten wurde mir klar, daß es viel zu gefährlich wäre, es zu betreten, und so beschränkte ich mich mit einiger Erleichterung auf Außenaufnahmen. Dies war eines der beunruhigendsten Häuser, die ich je besucht hatte. Ich brannte darauf, seine Geschichte zu erfahren.

Einige Monate später erhielt ich über die Bücherei Roscommon den Brief eines Historikers, Joe Grenham. Hier eine kurze Zusammenfassung seines Schreibens:

„Das Gebäude wurde etwa 1690 von der Familie St. Ledger erbaut. Sie kamen aus dem County Cork und verkauften später an die O'Kellys, reiche Grundbesitzer in Ballinasloe. Die O'Kellys hatten keine männlichen Erben, und so ging das Haus auf die älteste Tochter über, die einen Armeeoffizier namens Lynch heiratete. Dieser spezielle Zweig der Familie Lynch kam aus dem County Galway und war ihres unberechenbaren und abscheulichen Verhaltens wegen als ‚wahnsinnige Lynchs' bekannt.

Diese neuen Bewohner von Rathpeak hatten mehrere Kinder, darunter eine wunderschöne Tochter, die sich in einen armseligen Pflüger vom benachbarten Gut der Dillons verliebte. Die Lynchs waren Katholiken und die Dillons Protestanten, wodurch es bereits zu beträchtlichem Unfrieden zwischen den beiden Familien gekommen war. Der Soldat Owen Lynch, der Bruder des Mädchens, war ein besonders brutaler und starrsinniger junger Mann; als er die nicht standesgemäße Affaire seiner Schwester entdeckte, erschoß er ihren Geliebten. Das todunglückliche Mädchen wurde in einer Dachkammer auf Rathpeak eingesperrt und dort von ihren herrschsüchtigen Eltern dem Verhungern überlassen. Sie ertrug diese Qual einige Tage, dann tötete sie sich jedoch selbst, indem sie ihren Kopf beständig gegen die Wand schlug."

Das also war die Geschichte und der Grund, warum die Einheimischen immer noch glauben, daß die Gestalt des verzweifelten jungen Mädchens im Hause umgeht.

Rathpeak Haus wirkt furchterregend, und so stellte ich erleichtert fest, daß es zu betreten viel zu gefährlich war und ich es daher nur von außen photographieren konnte.

DAS HÄNGENDE GESPENST

Tullynally Castle, County Westmeath

Ein massives Pförtnerhaus mit Ecktürmen überragt die friedliche irische Landschaft. Durch eine Parkanlage aus dem achtzehnten Jahrhunderts führt die lange, gewundene Auffahrt zu einem gewaltigen, mit Zinnen bewehrten Herrenhaus. Ich befand mich auf dem irischen Landsitz der Earls of Longford, deren Vorfahren aus Suffolk in England stammen und denen hier im siebzehnten Jahrhundert wegen ihrer militärischen Verdienste Land zugesprochen wurde. Wie viele andere anglo-irische Familien schlug dieses magische Land auch sie bald in seinen Bann.

Valerie Packenham, die Frau des heutigen Besitzers, begrüßte mich und zeigte mir das Gebäude, einschließlich des überwältigenden Großen Saals, der sich über zwei Stockwerke erstreckt. Beim Essen erzählte sie mir von der vornehmen Geschichte der Familie, ihrer militärischen Tradition und davon, wie die Schwester des zweiten Earl of Longford dem Duke of Wellington zur Frau gegeben wurde. Heute wird hier der Grundstein zu einer literarischen Dynastie gelegt: Valerie Packenhams Ehemann Thomas ist Historiker, seine ältere Schwester Lady Antonia Fraser eine angesehene Schriftstellerin, und ihr Vater, Lord Longford, der ebenso umstrittene wie erbitterte Pornographiegegner, hat ebenfalls einige Schriften veröffentlicht.

Steinerne Sphinxe stehen am Eingang des Gartens von Tullynally Castle zum Schutz der Geister, die das alte Anwesen bevölkern.

Als ich mich danach erkundigte, ob es im Gebäude spuke, meinte Valerie Packenham, sie habe davon gehört, aber selbst noch nie etwas Außergewöhnliches bemerkt und fühle sich in dieser Umgebung sehr wohl. Eine ältere Dame jedoch, die seit zwanzig Jahren den Ostflügel der Burg bewohnt, hat definitiv „etwas" gesehen.

Sie erzählte mir, daß vor vielen Jahren der Butler sich in eine der Küchenfrauen verliebt hatte, die ihn aber eines anderen Mannes wegen verschmähte, woraufhin er sich tragischerweise an einem der kleineren Türme der Burg erhängte. Der Turm wurde inzwischen zu einer Wohnung umgewandelt. Frühere Mieter, denen der Geist des Butlers im Flur begegnete, gaben die Wohnung unverzüglich auf. Sie selbst hatte das Gespenst einmal am hellichten Tag auf dem Dach gesehen, und ein anderes Mal im Garten, wobei ihr Hund völlig außer sich geraten war. Die Erscheinung trug einen langen Gehrock, die Gesichtszüge waren aber nicht zu erkennen.

Einige Wochen später unterhielt ich mich wieder mit Valerie Packenham, die meinte, ich solle eine Freundin von ihr in Nordirland anrufen, die sich vor kurzem auf Tullynally aufgehalten und einen Geist gesehen hatte. Letztere beschrieb die Begebenheit wie folgt:

„Ich war mit meinem Mann auf einem Konzert gewesen und spät zu Bett gegangen. Ungefähr um zwei Uhr morgens wachte ich auf; der Raum war recht hell erleuchtet, da wir den elektrischen Kamin angelassen hatten. Ich konnte deutlich die Gestalt

einer etwa dreißigjährigen Frau erkennen. Sie trug viktorianische Kleidung, ein schwarzes Oberteil und ein langes rotes Kleid. Als ich mich aufsetzte, verschwand sie. Mir war überhaupt nicht bange. Seit meiner Kindheit hatte ich mehrere Geisterscheinungen gesehen, und nur eine einzige jagte mir jemals Angst ein: Ich hielt mich in einem Haus in England auf, als das Gespenst eines kleinen Jungen vor mir auftauchte. Man erzählte mir später, er sei ein Jahr zuvor in besagtem Zimmer gestorben."

Sie fügte hinzu, daß ihre Gastgeber völlig unbeeindruckt blieben, als sie beim Frühstück von dem Vorfall berichtete, geradeso, als gehöre dies dort einfach zum Alltag.

Mir wurde erzählt, daß ein Butler sich in einem der kleineren Schloßtürme erhängt hatte. Die alte Lady, die im Ostflügel wohnte, sah seinen Geist häufig am hellichten Tage auf dem Dach wandeln.

ENGLAND, SCHOTTLAND UND WALES

Durch einer Geister Welt schien ich zu wandeln
Und fühlt' mich selbst als Schatten eines Traums.
Die Prinzessin, Alfred, Lord Tennyson (1809 – 92)

Da ich aus dem Land stamme, das traditionell als die Heimat der Geister gilt, und in einem typisch englischen Spukhaus aus dem sechzehnten Jahrhundert aufwuchs, fällt es mir leicht, mich mit dem eingangs zitierten Gedichtabschnitt zu identifizieren. Wiewohl ich die „Grüne Lady", unseren „Familiengeist", nie zu Gesicht bekam, spukte sie durch meine Kindheit, und ich erinnere mich gut daran, wie mein Vater meinen Geschwistern und mir immer wieder aufs neue ihre Geschichte erzählte. Wir saßen vor dem flackernden Feuer im Wohnzimmer und blickten gespannt auf das über dem Kamin hängende Portrait dieser spanischen Adligen, die sie angeblich war.

Mein Vater nannte zudem eine ausgedehnte Sammlung einschlägiger Literatur sein eigen. Als ich etwas älter war, verbrachte ich unzählige Stunden in der Bibliothek, vertieft in Gruselgeschichten. Am liebsten las ich M.R. James, Arthur Machen, Robert Louis Stevenson und William Hope Hodgson, aber letztendlich haben fast alle großen britischen Schriftsteller, von Shakespeare bis Charles Dickens, in verschiedenster Art über Geister und das Übernatürliche geschrieben. Ich bezweifle außerdem, daß es irgendeine Ortschaft auf den Britischen Inseln gibt, die sich nicht mindestens eines Spukhauses rühmt; ebenso beeindruckend ist die Anzahl der Personen, die übernatürliche Phänomene beobachtet haben wollen. Geisterhafte Erscheinungen treten hauptsächlich in sehr alten Gebäuden auf, die sich schon lange im Besitz ein und derselben Familie befinden, wie z. B. Littledean Hall und Kentchurch Court, von denen hier noch die Rede sein wird. Andere treiben an prähistorischen Stätten ihr Unwesen, wie z. B. bei den Callanish Stones in Schottland, wo Druiden ihre mysteriösen Riten vollzogen, oder in abgelegenen Burgen wie Dunnottar Castle, als Folge blutiger Vergangenheit.

Legenden von König Arthur und anderen Helden der Geschichte sind nach wie vor mit vielen urzeitlichen Stätten in Großbritannien verknüpft, und kunstvoll geschnitzte Figuren mysteriöser Gottheiten wie z. B. der „Grüne Mann" schmücken die Kirchen abgelegener Landstriche. Unglücklicherweise werden heutzutage viele alte geheimnisvolle Gegenden, Dörfer und Städte sowohl durch Häusermakler oder intensive landwirtschaftliche Nutzung, als auch aufgrund staatlicher Bürokratie vernichtet. Unsere Gesellschaft, die meist alles bereitwillig akzeptiert, sofern es nur „neu" ist und sie davon abgehalten wird, ihre Gegenwart oder Herkunft zu entdecken, reagiert gleichgültig. Nahezu täglich erleben wir, wie historische Bauten abgerissen oder in Banken umgewandelt werden, Kirchen sich in Häuserbaugesellschaften verwandeln und auf alten Grabstätten Supermärkte und Golfplätze entstehen. Gerechtfertigt wird all dies durch den irrigen Gebrauch des Wortes „Fortschritt", doch nur Dummköpfe verleugnen ihr geschichtliches Erbe.

AM RANDE UNSERER WELT

Littledean Hall, The Forest of Dean, Gloucestershire

Littledean Hall ist wohl eines der gruseligsten Gebäude der Britischen Inseln. Von seinem atemberaubenden Standort im Hochland blickt man auf den Severn. Ganz in der Nähe beginnt der Forest of Dean, wo der „Orden der Alten Förster" noch heute seinen eigenen geheimnisvollen Gesetzen folgt. Das Haus ist nach der Familie Dene benannt, die von etwa 1080 bis 1327 Lords of Dene waren; der erste Lord, William Fitz Norman, bewohnte das Gut als Waldhüter. Die Fundamente des Herrenhauses ruhen zum Teil auf einer alten römischen Ruine, die großen Keller stammen aus der Zeit der Angelsachsen; das Gebäude stammt aus der Zeit Jakob I. Im Jahre 1984 entdeckte der jetzige Besitzer, Donald Macer-Wright, dessen Familie viele Jahre hier gewohnt hatte, auf dem Gelände einen der größten römischen Tempel Großbritanniens.

Littledean Hall ist nicht allzu groß, wirkt aber im Gegensatz zu der herrlichen Gartenanlage äußerst bedrohlich. Teile des Hauses und der Anlagen sind für die Öffentlichkeit zugänglich, und im alten angelsächsischen Saal und den Stallungen befindet sich heute eine Cafeteria für die Besucher; dort wollte ich auf den Besitzer warten und fand mich bald in einer angeregten Unterhaltung mit der Bedienung wieder. Wir sprachen über den Ruf des Gebäudes, und sie meinte, daß zu bestimmten Zeiten nahezu täglich übernatürliche Phänomene auftreten. Gerade am vorangegangenen Tag hatte ein Geist in Reiteruniform, der durch die Wand einer vor vielen Jahren zugemauerten Treppe trat, eine Dame zu Tode erschreckt. Eine Woche zuvor war in der Cafeteria das wilde Trampeln von Pferdehufen zu hören gewesen. In diesem Augenblick öffnete sich eine Tür, und Donald Macer-Wright bedeutete mir, ihm ins Innere des Hauses zu folgen.

Porträt des Charles Pyrke (1721 – 1744) mit seinem Diener, „Black Boy" genannt. Der Black Boy sucht das Haus als Poltergeist heim. Vorherige Seiten: The Cheesewring, Bodmin Moor, Cornwall, England.

Es war, als hätte ich die Schwelle zu einer anderen Welt übertreten; die nächsten Stunden streiften wir durch dämmrige Korridore und schwach erleuchtete, holzgetäfelte Zimmer aus der Zeit Jakob I., voller Atmosphäre und von Geheimgängen durchzogen. Mr. Macer-Wright erzählte mir die verschiedenen Geistergeschichten mit einer überzeugenden Gelassenheit und Wortgewandtheit, die meine Unruhe noch verstärkten. Obwohl nur wenige Bereiche des Hauses von Geistern und anderen unerklärlichen Phänomenen verschont blieben, kristallisieren sich doch zwei Räume als Zentren dieser Erscheinungen heraus. Da wäre zunächst das Eßzimmer, in dem sich mehrere tragische Ereignisse zugetragen hatten, nicht zuletzt der Tod zweier Brüder der Familie Pyrke, die das Gebäude vom siebzehnten Jahrhundert bis 1896 bewohnt hatte. Die beiden jungen Männer erschossen sich gegenseitig nach einer erbitterten Auseinandersetzung um eine Frau. Zwei weitere Männer, royalistische Offiziere zur Zeit des Bürgerkriegs, wurden hier im Jahre 1644 von parlamentarischen Soldaten

In Littledean Hall gibt es kaum einen spukfreien Winkel. Ein Gästezimmer mit einem Himmelbett, das „Blaue Schlafzimmer", wurde seiner Geister wegen seit mehr als vierzig Jahren nicht mehr benutzt.

getötet; die Stelle, an der sie starben, wird von einem unauslöschlichen Blutfleck markiert. Beim Erker befindet sich eine verborgene Nische hinter der Täfelung. Sie führt durch einen geheimen Tunnel unten in den Kellern zum Hof der nahen Abtei von Flaxley. Zu den Zeiten, als der Katholizismus verboten war, schlich ein Mönch durch diesen Geheimgang in den Herrensitz und erteilte den Bewohnern heimlich die Kommunion. Auch sein Geist wurde im Haus gesehen.

Über dem Kamin hängt ein Portrait von Littledeans berühmtesten Gespenst, dem Schwarzen Jungen. Er stammte von den Zuckerrohrplantagen der Pyrkes auf den Westindischen Inseln und war der Diener von Charles Pyrke, einem gutaussehenden jungen Mann, der auch auf dem Gemälde abgebildet ist. Die beiden wuchsen fast wie Brüder zusammen auf, bis Charles im Alter von dreiundzwanzig Jahren von eben diesem Diener getötet wurde. Es heißt, daß die Schwester des Dieners ein Kind von Charles hatte, das ermordet und hinter der Täfelung im rosafarbenen Schlafzimmer versteckt worden war; dies habe den Diener zum Mord an seinem Herrn bewegt.

Im blauen Schlafzimmer, einem Gästezimmer mit Himmelbett, spukt es angeblich so sehr, daß es seit über vierzig Jahren nicht mehr benutzt wird. Keiner kann genau sagen, was in dem Zimmer vorgeht, nur daß einen dort ein entsetzliches Grauen packt.

Mr. Macer-Wright beschrieb mir einige seiner Erfahrungen mit dem Haus, von denen mich eine besonders faszinierte. Er schickte mir später folgenden Bericht zu:

„Im Jahre 1979 richtete ich den Teil des Hauses her, in den meine Familie bald einziehen sollte. Ich schlief in meinem alten Kinderzimmer. Es gab dort keine Nachttischlampe und auch keine Vorhänge, so daß es selbst nachts nie richtig dunkel wurde im Raum. Eines Nachts weckte mich das laute Knallen der Tür, und ich sah einen Mann in besinnungsloser Wut zum Fenster eilen, wo er sich umdrehte und dann zur Mitte des Raumes zurückkehrte. Seine Schritte hallten auf den nackten Dielen, und ich konnte deutlich seinen raschen, keuchenden Atem hören. Im ersten Moment war ich wie gelähmt vor Angst, nicht fähig, auch nur einen Ton herauszubringen. Um nichts in der Welt wäre ich aufgestanden, um das Licht anzuschalten. Als der Unbekannte die Mitte des Zimmers erreicht hatte, wurde mir klar, daß die Situation nicht real war, daß dieser Mann keine Ahnung hatte von meiner Anwesenheit, und plötzlich verspürte ich keine Furcht mehr. Wenn ich jetzt darüber nachdenke, frage ich mich immer, ob ich mich in seiner Zeit befand, oder er sich in meiner.

Ich bin fest davon überzeugt, daß ich bei vollem Bewußtsein war und dies eine paranormale Erfahrung; sie währte nur einige Sekunden, kam mir aber viel länger vor. Gleich danach verwandelte sich die Dunkelheit im Zimmer wieder zurück in das gewohnte Dämmerlicht – ich war vollkommen ruhig und erkannte, daß die männliche Erscheinung auf einem anderen Boden gegangen war, nicht dem jetzigen, mit Teppich ausgelegten. Er hatte eine frühere Tür zugeschlagen, nicht die verglaste, die heute in das Zimmer führt. Zudem war der ganze Raum bedeutend größer; später ist ein Teil für einen Gang abgeteilt worden. Selbstverständlich konnte ich nichts erkennen."

Mr. Macer-Wright entschuldigte sich für kurze Zeit, da er Geschäftliches zu erledigen hatte. Ich machte mich daran, das Eßzimmer zu photographieren, mußte jedoch

bald hinausgehen, da mich die unheimliche Atmosphäre zu ersticken drohte. Als ich das Portrait des Schwarzen Jungen mit auf den Flur nahm, um es dort abzulichten, wurde ich von den verzweifelten Schreien eines Kindes unterbrochen. Sie kamen vom Garten her, aber als ich aus dem Fenster sah, war niemand zu sehen. Der Hausherr kam zurück und erkundigte sich, ob alles in Ordnung sei. Ich erzählte ihm, was vorgefallen war, und er meinte, daß Besucher oft solche Schreie hörten. Über die Jahre hatte seine Familie Phänomene verschiedenster Art wahrgenommen und gelernt, damit zu leben. Wann immer zum Beispiel sein jüngster Sohn Tom von der Schule oder längerer Abwesenheit nach Hause kam, gingen die Uhren plötzlich wesentlich schneller als sonst.

Wir gingen zum römischen Tempel, der seiner Meinung nach ursprünglich eine heilige Stätte der Kelten zu Ehren der Flußgöttin Sabrina war. Die von den Kelten verehrten Hügel, Quellen und der Fluß Severn, mit seinen riesigen jahreszeitlich bedingten Flutwellen und Hochwassern, seien ein ehrfurchteinflößender Anblick für diese alten Stämme gewesen. Mr. Macer-Wright wurde immer lebhafter; das Thema lag ihm offensichtlich sehr am Herzen. Er ist fest davon überzeugt, daß die ganze Gegend jahrhundertelang ein heiliger Ort war, das, was die Kelten „Grenze" genannt hätten. Es waren gefährliche Orte, wo man, wenn man sich nicht vorsah, in eine andere, übernatürliche Welt hinübergleiten konnte, die sonst nur in unserem Unterbewußten existiert. Es gibt wichtigere Dinge hier als nur die menschheitsgeschichtlichen Spuren in der Landschaft; es existieren unsichtbare Kräfte, die wir zu unserem eigenen Schaden ignorieren.

Der Besitzer von Littledean Hall hat keinen Zweifel, daß die ganze Gegend jahrhundertelang ein heiliger Ort war, das, was die Kelten „Grenze" nannten, wo man unversehens in eine andere, uns unbekannte Welt des Übernatürlichen gelangen konnte.

SCHREIE EINER WÖLFIN

Castle Rising, Norfolk

Die verrückten Schreie von Königin Isabella, der „Wölfin von Frankreich", spuken nach wie vor durch diese massive normannische Befestigung. Isabella – eine der schönsten, aber auch verderbtesten Frauen ihrer Zeit – wurde nach dem mit ihrem Geliebten gemeinschaftlich begangenen Mord an ihrem Ehemann Edward II., den sie im zarten Alter von zwölf Jahren geheiratet hatte, hier gefangengehalten. Sie hatte dessen homosexuelle Neigungen bald erkannt und war auf seine enge Beziehung zu Piers Gaveston, einem Freund aus Kindheitstagen, überaus eifersüchtig. Als sich die Barone gegen Gaveston und schließlich auch gegen Edward stellten, schloß sie sich dem Aufstand an und wurde die Geliebte des herrschsüchtigen Sir Roger Mortimer, einem Meister der Intrige. Zusammen besiegten sie Edwards Armee und ließen ihn in Berkeley Castle in Gloucestershire einsperren.

Königin Isabella, die „Wölfin", bei ihrer Gefangennahme auf Nottingham Castle. Sie wurde nach Castle Rising gebracht und dort wegen des Mordes an Edward II. siebenundzwanzig Jahre lang inhaftiert. Gegenüberliegende Seite: Königin Isabellas geisterhafte Schreie hallen noch immer durch das Gemäuer der Burg.

Isabella verachtete Edward inzwischen und demütigte und quälte ihn in jeder nur erdenklichen Weise. Er wurde in einer kleinen, feuchten und dunklen Zelle gefangengehalten, in der sich ein zehn Meter tiefes Loch befand. Hier wurden die verwesenden Kadaver toter Tiere hineingeworfen, was bedeutete, daß jeder Gefangene früher oder später entweder erstickte oder sich mit einer widerlichen Krankheit infizierte, die dann den Anschein erwecken konnte, er sei eines natürlichen Todes gestorben. Edward jedoch überlebte wider Erwarten diese Folter, nur um ein weit schlimmeres Ende zu finden. Mit Isabellas Zustimmung befahl Mortimer den Wächtern, Edward mit einer glühendheißen Flüssigkeit, die auf ihn tropfte, zu Tode zu quälen. Isabellas Sohn Edward trat daraufhin die Thronfolge an. Ziemlich schnell aber wurde klar, daß er nur eine Schachfigur in Mortimers Hand war. Schließlich gelang es Edward, Mortimer zu überlisten, und ließ ihn hinrichten. Seine Mutter Isabella wurde auf Nottingham Castle gefangengenommen und nach Castle Rising gebracht.

Zu Beginn ihrer Gefangenschaft schien sie sich recht wohl zu fühlen. Sie wurde häufig sowohl von ihrem Sohn als auch von ihrem Enkel besucht, dem Ritter „Schwarzer Prinz". Mit der Zeit jedoch nahmen die Besuche ein Ende, und sie verlor in ihrer Einsamkeit allmählich den Verstand, bis der Tod sie im Jahre 1338 schließlich erlöste. Angeblich ist auch heute noch, nach über sechshundert Jahren, tief in der Nacht das Echo eines manischen Gelächters und ihrer reumütigen Klage in der Umgebung der Burg zu hören.

Ich stellte mir den erbarmungslosen Wachtposten dieser grausamen Frau vor, die alleine in einem der Türme der Burg saß, als mich plötzlich das Kreischen von über mir kreisenden Krähen aus meinem Tagtraum riß.

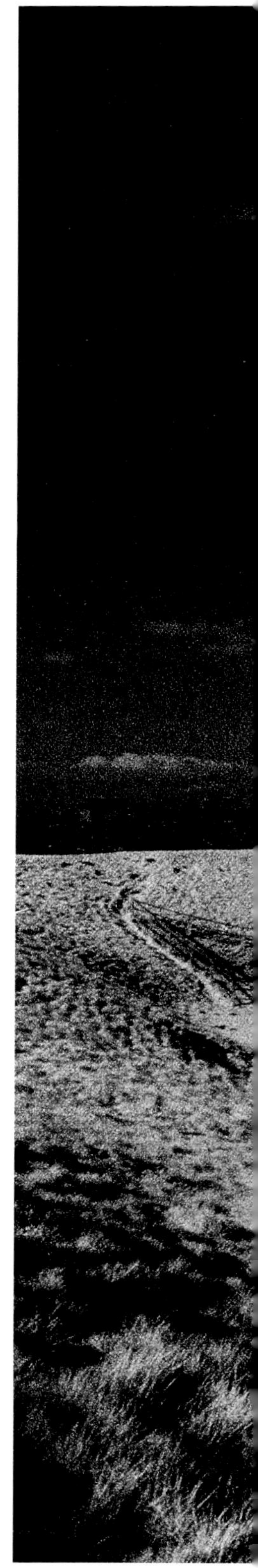

BESUCH AUS DER VERGANGENHEIT

Kentchurch Court, Herefordshire

Versteckt in einem verborgenen Tal an der Grenze zwischen England und Wales liegt Kentchurch Court, seit dem elften Jahrhundert das Zuhause der Familie Scudamore. An einem nebligen Wintermorgen näherte ich mich dem Gebäude auf der von Ulmen gesäumten Allee. Ich war überwältigt und erregt von dieser ursprünglichen Landschaft und ihrer geschichtsträchtigen Atmosphäre.

Im Haus führte mich Jan Lucas-Scudamore, die Frau des heutigen Besitzers, durch die Lange Galerie – mit ihren zahlreichen Familienportraits ein Sitz der Phantome aus einer vornehmen Vergangenheit. Meine Gastgeberin erzählte mir, daß die Familie eigentlich aus Frankreich stammte; ihr ursprünglicher Name war Escudamour. Im Jahre 1066 war sie mit der Armee Wilhelm des Eroberers nach England gekommen, wo sie Land bei Kentchurch zugesprochen bekam. Vor einigen Stufen machte sie halt und meinte, wir beträten nun den ältesten Teil des Hauses, den Turm. Ich spürte die völlig andere Atmosphäre im „Owen Glendowers Zimmer“, einem schwach erleuchteten Schlafgemach mit dunkler Holztäfelung und einem prunkvollen Himmelbett. Glendower war ein legendärer walisischer Volksheld, der im fünfzehnten Jahrhundert gegen die Engländer kämpfte; Alice, eine seiner drei Töchter, hatte Sir John Scudamore geheiratet. Die Familie symphatisierte mit dem walisischen Freiheitskampf; eine kleine Tür im Raum führt über eine Wendeltreppe hinunter zu den Kellern, wo damals Pferde bereitgehalten wurden, um ihm eine rasche Flucht vor seinen Feinden zu ermöglichen. Gerüchten zufolge spukt es in besagtem Zimmer und in den Kellern.

Porträt des Jack O'Kent, um 1460. Der Sage nach war er ein Zauberer mit übernatürlichen Kräften.

Dann bemerkte ich an der Wand das Portrait eines düsteren, gespentischen Antlitz. Dies war, so erfuhr ich, der berüchtigte „Jack O'Kent“, dessen Identität nach wie vor im dunkeln liegt. Einige Historiker meinen, er sei ein Gelehrter mit übernatürlichen Fähigkeiten und Mitglied von Glendowers Gefolge gewesen, andere sind der Ansicht, daß er ein Stallbursche war, der von den Scudamores erzogen und später nach Frankreich geschickt wurde, wo er in den Franziskanerorden eintrat, bis er schließlich nach Kentchurch zurückkehrte, um dort die Pfarrersstelle anzutreten. Eine weitere Version besagt, daß es sich in Wirklichkeit um den verkleideten Glendower selbst handelte, und all die Erzählungen über Hexerei nur verbreitet wurden, um mögliche Eindringlinge abzuschrecken, die Glendowers Aufenthaltsort an die Engländer hätten verraten können. Wie dem auch sei, Frau Lucas-Scudamore meinte, das Gemälde sei ein Talisman der Familie geworden. Sie fügte hinzu, daß ein Wünschelrutengänger, der vor kurzem das Grundstück besucht hatte, ein Mädchen in diesem Schlafzimmer gesehen hatte, das aus dem Fenster schaute und auf jemanden wartete. Dieser Geist war dem Personal im Laufe der Zeit schon mehrfach erschienen.

Später sollte ich die Kinderfrau der Familie kennenlernen, die über vierzig Jahre im Haus gelebt hatte. Sie erinnerte sich daran, wie der Vater des heutigen Besitzers einmal im Radio erklärt hatte, daß aufgrund eines Vorfalls in der Vergangenheit nur männliche Besucher im „Spukschlafzimmer" untergebracht würden. Das ganze Personal sei damals sehr überrascht gewesen, da ihnen zuvor niemand etwas davon gesagt hatte.

Ich war allein im Schlafzimmer, um einige Aufnahmen zu machen, doch zu meiner Erleichterung wurde ich von einer Putzfrau unterbrochen, die sich, wie sie sagte, in diesem Raum stets unbehaglich fühle. Immer vermute sie etwas oder jemanden hinter sich. Sie erzählte, wie einmal nach einer Jagdgesellschaft ein riesiger Mann in besagtem Zimmer einquartiert wurde. Als man ihn am nächsten Morgen zum Frühstück rief, sah er furchtbar müde aus und meinte, er hätte seltsame Geräusche gehört und deshalb überhaupt nicht gut geschlafen. Ihr war aufgefallen, daß er einen schweren Eichenstuhl gegen die Tür zu den Kellern geschoben hatte.

Etwas oder jemand spukt im Turm, dem ältesten Teil des Hauses. Ich empfand eine merkwürdige Veränderung, als ich die steinernen Stufen emporstieg, die zu der schweren Eichentür des Schlafzimmers führten. Auch beim Anblick der Statuen war mir unheimlich zumute.

KEIN ENTKOMMEN

Dunnottar Castle, Kincardineshire

Über hundertsechzig Männer, Frauen und Kinder wurden in dem dunklen Verlies gefangengehalten. Sie, die nur verdorbenes Fleisch, rohen Fisch und Salzwasser zu essen bekamen, kauerten sich aneinander, um sich zu wärmen, die knöchernen Körper in Lumpen gehüllt.“

Dies ist ein Augenzeugenbericht der grausamen Gefangenschaft einer großen Zahl von antiroyalistischen Covenantern und ihren Familien, die im Jahre 1685 von ihren Gegnern auf Dunnottar Castle festgehalten wurden. Viele verhungerten, andere starben bei dem Versuch, nachts über die steilen Klippen zu fliehen, und manche wurden ihrer fanatischen religiösen und politischen Überzeugungen wegen zu Tode gefoltert. Dieser dunkle Keller existiert noch heute und ist als „Whig's Vault“ bekannt. Wen sollte es wundern, daß dieser in wilder Umgebung an der Nordsee gelegenen Burg, die dort dem beständigen Angriff der Elemente ausgesetzt ist, ein Vermächtnis von rastlosen Geistern aus seiner gewalttätigen Vergangenheit nachgesagt wird?

Man sollte meinen, die isolierte Lage der Burg auf einem riesigen, über der rauhen Küste thronenden Sandsteinfelsen mache sie uneinnehmbar. Tatsächlich aber wurde sie mehrere Male erobert. Im Jahre 1297 wurde sie von der schottischen Armee unter William Wallace belagert und zerstört, der die englische Garnison bei lebendigem Leibe in der Kirche verbrennen ließ. Ob es ihre Schreie sind, die angeblich des Nachts von den Klippen zu hören sind, oder die der unglücklichen Covenanter, bleibt ungewiß.

Hier wurde auch die gespenstische Gestalt eines Mannes gesehen. Er ist groß, trägt eine altertümliche militärische Uniform und scheint auf das Meer hinauszustarren.

Im Jahre 1651, als die royalistische Armee kurz vor der Niederlage stand, schien Dunnottar der sicherste Ort im Land, um die schottischen Kronjuwelen und andere königliche Schätze vor der vorrückenden englischen Armee unter Oliver Cromwell verstecken zu können. Als die Burg unter Belagerung stand, wurde bald deutlich, daß der Schatz aus der Burg herausgeschmuggelt worden war, um die Wiedereinsetzung des Königs zu erwarten. Es gibt mehrere Versionen davon, wie diese gefährliche Tat vollbracht wurde, doch die am weitesten verbreitete ist die, derzufolge der Schatz mitten in der Nacht über die Klippen abgeseilt und unter den Schürzen einer Dienstmagd versteckt wurde, die ihn dann im Innern einer nahegelegenen Kirche vergrub. Manche behaupten, Teile des Schatzes lägen heute noch in der Nähe der Burg verborgen.

An einem bitterkalten Wintertag betrachtete ich vom Festland aus die spektakuläre Ruine, als ich der kleinen Gestalt eines einsamen Besuchers gewahr wurde, der langsam den gewundenen Pfad zum Pförtnerhaus erklomm. Als die Wellen gegen die Küste donnerten und die Möwen am Himmel wie Geier ihre Kreise zogen, erschien er mir so schutzlos angesichts der Naturgewalten und der Macht des Übernatürlichen.

Die isolierte Lage auf einem riesigen, über der Küste thronenden Sandsteinfelsen machte Dunnottar Castle einst uneinnehmbar. Durch die Ruine ziehen heute nur noch die unruhigen Geister seiner blutigen Geschichte.

STIMMEN AUS DEM JENSEITS

Kilchurn Castle, Loch Awe, Argyllshire

Am Zufluß von Loch Awe liegt die romantische Ruine von Kilchurn Castle. Einst war es eine Festung des mächtigen Clans der Campbells, den Dukes of Argyll, deren Ländereien hier liegen, und viele alte Legenden legen Zeugnis ab von seiner bewegten Vergangenheit. Während meines Aufenthalts in einem alten Haus nahe des Sees erzählte mir mein Gastgeber eine besonders beunruhigende übernatürliche Begebenheit, die kürzlich ein junges englisches Paar, das eine Nacht innerhalb der Mauern der alten Burg campieren wollte, zu Tode erschreckt hatte.

Nachdem sie ihr Zelt aufgestellt und zu Abend gegessen hatten, beschloß der junge Mann, auf den Hauptturm zu steigen, um den Sonnenuntergang über den ruhigen Wassern des Sees zu geniessen. Als er aus dem Fenster schaute, spürte er plötzlich, wie jemand den Raum betrat. Da er annahm, es handele sich um seine Freundin, sah er sich nicht um, sondern begann, von der Schönheit der Landschaft zu schwärmen. Langsam kroch eine eisige Kälte in den Turm, wie wenn sie durch die dicken Steinmauern hereinsickerte, und eine schaurige, flehende Stimme flüsterte: ‚Laß mich gehen, hilf mir, in Frieden zu ruhen, laß mich gehen.' Der junge Mann war von Furcht überwältigt. Dann, genauso unvermittelt wie sie gekommen war, verstummte die Stimme, die Temperatur stieg wieder an, und er wagte, sich langsam umzudrehen, aber niemand war zu sehen. Der junge Mann stürmte die Treppe hinunter und fand seine Freundin hinter eine Mauer gekauert. Auch sie hatte seltsame Stimmen gehört, die nicht von dieser Welt waren.

„Laß mich gehen", flehte die Stimme, und eine eisige Kälte kroch durch den Turm von Kilchurn Castle.

DAS STRAHLENDE LICHT

Steinkreis von Callanish, Lewis, Äußere Hebriden

Im schaurigen grauen Nebel, der vom Meer heraufzog, sah ich die alten Steine zum ersten Mal. Es ist dies eine heilige Stätte, die mit ihrer geheimnisumwitterten Umgebung und ihrer Erhabenheit Stonehenge gleichkommt. Historiker und Archäologen schätzen, daß der Kreis und die ihn umgebenden Steinalleen vor etwa drei- bis viertausend Jahren errichtet wurden. Die dreizehn großen Felsen des inneren Rings stehen dicht beisammen, wie riesige Gestalten in einer geheimen Konklave. Der größte Stein, der Mittelpfeiler, bewacht den Eingang zu einem steinernen Grabhügel. Hier wurden die Überreste eines menschlichen Skeletts gefunden, die nach Ansicht der Wissenschaftler von einem Stammeshäuptling oder einem geheiligten Opfer der Druiden stammen.

Es gibt viele Überlieferungen und wissenschaftliche Theorien zu Bedeutung und Kraft dieser Steine. Einige meinen, es seien Menschen, die von einem Zauberer im wahrsten Sinne des Wortes zu Stein verwandelt wurden, andere behaupten, sie stünden in einer astronomischen Beziehung zu Sonne und Mond oder wären eine Kultstätte. Früher glaubten die einheimischen Inselbewohner, daß am Morgen der Sommersonnenwende „etwas", das sie als „strahlendes Licht" beschrieben, langsam den Hauptweg hinabwanderte zum Grabhügel, angekündigt vom Schrei eines Kuckucks. War dieses merkwürdige Licht vielleicht die aufgehende Sonne, die gekommen war, die Geister der hier feierlich Bestatteten einzufordern oder zurückzugeben?

Die Callanish Stones sind eine Kultstätte, mit Stonehenge vergleichbar. Die Inselbewohner glaubten jahrhundertelang, daß zur Sommersonnenwende ein „strahlendes Licht" durch die Steinallee kröche, die Toten zu wecken.

DER FLUCH DES ESKIMO

Ecclescrieg House, St. Cyrus, Aberdeenshire

„Hast du jemals Ecclescrieg besucht?“ fragte mich einmal ein befreundeter Maler beim Abendessen. Ich war mit ihm in der Nähe von Montrose an der Küste von Aberdeenshire mitten in einem bitterkalten Winter.

„Bram Stoker, der Autor von Dracula, pflegte seinen jährlichen Urlaub an der nahen Cruden Bay zu verbringen, und man erzählt sich, daß er das alte Haus als Modell für Graf Draculas Burg benutzte.“

„Spukt es dort?“ fragte ich ihn.

Der alte Mann zögerte einen Augenblick, füllte sein Glas nach und starrte aus dem Fenster aufs Meer hinaus. „Das nicht gerade“, antwortete er, „aber ich habe eine seltsame Legende über die Familie Forsyth-Grant gehört, die bis vor kurzem dort gelebt hat. Ihre militärischen Verdienste machten sie zu einer der angesehensten Familien Schottlands. Ein Mitglied der Familie, Osbert Clare Forsyth-Grant (1880 – 1911), ging gegen den Wunsch seines Vaters zur Marine. Er war ein ungestümer Mensch voller Abenteuerlust und verließ Montrose, um an der arktischen Küste einen Walfänger mit einer aus Schotten und Eskimos bestehenden Besatzung zu übernehmen.“

Er hielt inne, wandte sich vom Fenster zum prasselnden Feuer und fuhr fort: „Aber irgendwann zog er sich aus nicht bekannten Gründen den Unbill der Eskimos zu, und es wird behauptet, daß diese einen Fluch über ihn und seine Familie verhängten. Kurz darauf geriet das Schiff, das er kommandierte, die *Séduisante,* in einem Sturm vom Kurs ab und lief auf ein verborgenes Riff. Man munkelte von Meuterei und tödlichen Auseinandersetzungen an Bord, doch weder Grant noch eines der schottischen Besatzungsmitglieder überlebte. Die Eskimos dagegen langten sicher an der Küste an.“

Ich war fasziniert von dieser merkwürdigen Geschichte und bat meinen Freund, fortzufahren. „Ich weiß wirklich nicht mehr dazu zu sagen, außer, daß der Platz dieses unglücklichen Sohnes in der Familiengruft noch leer ist. Seine Leiche konnte nie geborgen werden. Das große Haus selbst liegt heute verlassen und verfallen und wirft seinen dunklen Schatten auf das kleine Dorf St. Cyrus.“ Er erinnerte sich dann, daß ein gewisser Commander Michael Forsyth-Grant noch in der Nähe der Ruine wohnte.

Es war nicht schwer, den Commander ausfindig zu machen, der mich großzügigerweise zum Tee einlud. Er zeigte mir viele alte Familiendokumente und Photographien und erzählte, daß die Familie ihren Stammbaum bis zu einem Soldaten namens Osbert de Forsyth zurückverfolgen könne, einem Fahnenträger unter König Robert the Bruce bei der Schlacht von Bannockburn im Jahre 1314. Er wußte allerdings nichts vom Fluch des Eskimo. Es war ihm schwergefallen, das Haus aufzugeben, aber der Unterhalt war zu kostspielig geworden. Es gehörte nun einem ausländischen Unternehmen, aber niemand schien besonders erpicht darauf, dort einzuziehen. Zum Abschied überreichte er mir ein Buch über die Geschichte seiner Vorfahren.

Ecclescrieg House gilt als Vorlage für Graf Draculas Burg in Bram Stokers Roman. Das Gebäude verfällt, wie es heißt, infolge eines Fluchs, der auf der Familie lastet.

Das Tageslicht war schon im Schwinden, als ich mich dem Gebäude näherte, und die Schreie am Himmel kreisender Krähen verstärkten noch die unheimliche Atmosphäre. Als ich mein Objektiv auf die verfallenen Stufen richtete, die zur Terrasse führten, mußte ich an eine Passage des Buches denken, die ich bereits gelesen hatte. Dort heißt es, daß Osberts Vater als gebrechlicher und kranker alter Mann auf der Terrasse auf und ab zu gehen pflegte. Er hielt ein Fernglas fest umklammert und prüfte sorgfältig bei jedem Schiff, das in Sicht kam, ob es nicht die Séduisante wäre – doch sie erschien nie.

DES KÖNIGS MÄTRESSE

Roch Castle, Pembrokeshire

Seit dem dreizehnten Jahrhundert, als das Land noch im Besitz der normannischen Familie de Rupe oder de la Roche war, ranken sich Geistergeschichten um Roch Castle. Es heißt, daß es auf einem hohen Felsen erbaut wurde, weil Adam de la Roche von einer Hexe geweissagt worden war, daß er durch den giftigen Biß einer Viper sterben sollte. In der atemberaubenden Lage der Burg über den Sträuchern der Moorlandschaft wähnte er sich sicher vor allem, was einer Schlange als Lebensraum dienen könnte, und lebte wie ein Einsiedler in den Mauern seiner Befestigung. Doch trotz dieser sorgfältigen Vorsichtsmaßnahmen erfüllte sich die Prophezeiung in einer stürmischen Winternacht. Am Tage hatte sein einziger Diener ein Bündel Brennholz auf die Burg getragen, um ein Feuer im großen Kamin anzufachen. Nach einer herzhaften Mahlzeit und mehreren Kelchen Wein schlief sein Herr abends vor den Flammen ein. Ganz langsam löste sich aus den verbliebenen Zweigen eine Viper, kroch über den Steinboden und biß den Edelmann ins Bein. Am nächsten Morgen wurde er tot aufgefunden.

Lucy Walters mit einem Bildnis ihres unehelichen Sohnes mit Charles II., dem unglückseligen Duke of Monmouth, der 1685 wegen Rebellion geköpft wurde.

Auf der Burg soll auch der tragische Geist von Lucy Walters umgehen, der Mätresse von König Charles II. und Mutter ihres gemeinsamen unehelichen Kindes, dem unglückseligen Duke of Monmouth, der im Jahre 1685 wegen seiner Beteiligung an der erfolglosen protestantischen Rebellion gegen James II. geköpft wurde. Die Walters hatten im siebzehnten Jahrhundert die Royalisten unterstützt, und die Burg wechselte während des Bürgerkriegs mehrfach den Besitzer. Lucy, ein leidenschaftliches junges Mädchen voller Einfälle, begegnete dem König zum ersten Mal in Holland. Sie und Charles fühlten sich sofort zueinander hingezogen und genossen eine stürmische Affäre. Doch während Charles seinen geliebten unehelichen Sohn, den jungen Duke, der Obhut seiner Frau übergab, verschmähte er Lucy. Sie starb völlig verarmt im zarten Alter von achtundzwanzig Jahren. Es heißt, ihr in weiß gekleideter Geist sei in der Burg zu sehen, wie er durch verschlossene Zimmer schwebt, und ihre eilenden Schritte weckten mitten in der Nacht selbst tief Schlafende.

Die Burg gehört nun David Berry und seiner Familie. Mr. Berry war sich nicht schlüssig, wer oder was der Geist sein möge, meinte jedoch, daß mehrere Besucher behaupteten, unerklärliche Phänomene beobachtet zu haben. Als ich die Burg photographierte, folgte mir ein kleines Mädchen in einem langen weißen Kleid – sie hielt sich stets in einiger Entfernung im hohen, im kühlen Wind wogenden Gras und starrte mich stumm an. Schließlich verließ ich das Gelände der Burg durch ein kleines Tor und folgte einem mit Bäumen gesäumten Pfad zu der alten Dorfkirche, wo ich meinen Wagen abgestellt hatte. Beim Wegfahren wurde ich wieder des kleinen Mädchens gewahr, das an einem Grabstein lehnte und den Blick nicht von mir wandte.

Auf Roch Castle spukt die traurige Erscheinung von Lucy Walters. Sie schwebt durch verschlossene Räume hindurch, und ihre eilenden Schritte wecken mitten in der Nacht jeden noch so tief Schlafenden.

FRANKREICH

Ich werde dir entdecken, was du beim Schein der Fackeln auf dem Antlitz der Toten zu erfassen dich mühtest – oder als du jenseits der Pyramiden schweiftest, in den großen Wüsten aus menschlichen Trümmern. Von Zeit zu Zeit rollte ein Stück eines Schädels unter deine Sandalen. Du nahmst Staub und ließest ihn durch die Finger gleiten; und dein Denken mischte sich mit ihm und verlor sich im Nichts.

Die Versuchung des Hl. Antonius, Gustave Flaubert (1821 – 80)

Flauberts eindringliches Romanepos *Die Versuchung des Hl. Antonius* erkundet die Geschichte der Menschheit und enthüllt ein groteskes, surreales Universum, das unsere traditionellen Überzeugungen und unsere Existenz in Frage stellt. Auf meiner Reise durch die schöne Landschaft Frankreichs entdeckte auch ich eine phantastische Welt von wunderbaren Châteaux, die an eine andere Zeit erinnern. Ihre märchenhaften Türme und klassischen Statuen sind Symbole eines vergangenen Zeitalters der Romantik und des Rittertums. Als ich durch die mit Wandbehängen geschmückten Säle und die kunstvollen Gärten spazierte, erhoben sich in meiner Vorstellung die Geister ihrer majestätischen Vergangenheit, die noch in ihren dunklen Winkeln umgehen sollen. Das „Abenteuer" zweier englischer Lehrerinnen, die sich im Jahre 1901 auf dem Gelände des Schlosses von Versailles plötzlich in die Vergangenheit zurückversetzt fanden, schien mir äußerst glaubwürdig, aber, wie in Flauberts Epos, entdeckte ich auch düstere Mächte, die in manchen dieser alten Gebäude wirken: Intrige und Ausschweifung, Mord und Suizid, wie uns der Geist des einsamen Jungen vom Châteaux de Raray und der ruchlose Gilles de Rais von Burg Champtocé zeigen. Diese unruhigen Geister müssen den Frieden des Grabes erst noch finden.

Eine Gegend Frankreichs fesselte mich jedoch mehr als alle anderen: die rauhen Pyrenäen des Languedoc. Hier stehen die außergewöhnlichen Burgen der Katharer. Die Hinterlassenschaft ihres unerschütterlichen Glaubens, für den diese mystischen Seelen zu leiden und zu sterben bereit waren, lebt fort. In diesem abgelegenen Landstrich herrschen nach wie vor die althergebrachten Bräuche und Traditionen der Bewohner, und das grimmige Antlitz des Todes in Form von scheußlichen Wasserspeiern rief mir das Leben und Werk des Meisters der Schauerliteratur, Edgar Allan Poe (1809 – 49), in Erinnerung, sowie die Tatsache, daß der große französische Dichter Charles Baudelaire (1821 – 67) fast sein ganzes Leben der Übersetzung von Poes schwermütigen Erzählungen ins Französische widmete. Doch auch die Dichtung des Franzosen läßt uns bis ins Mark erschauern:

Es wundert sich der Tod, wie allerorts, allzeit
Die Menschheit lächerlich sich an der Sonne windet,
Daß er wie sie nach Myrrhe duftend, ihre Tollheit
Oftmals mit seiner Ironie verbindet!

„Totentanz" aus *Die Blumen des Bösen*

ABENTEUER IN DER VERGANGENHEIT

Schloß Versailles

Am 10. August 1901 beschlossen zwei konventionelle englische Akademikerinnen, Miss Charlotte Moberly und Miss Eleanor Jourdain, das Schloß und den Park von Versailles zu besichtigen, und gerieten damit völlig ahnungslos in eine der umstrittensten Geistergeschichten, von der je berichtet wurde. Nachdem sie die großartigen Räume des Schlosses bewundert hatten, betraten die beiden Frauen den Park und spazierten in Richtung des Petit Trianon, einem Herrenhaus, das im Jahre 1762 für die Mätresse von Louis XV. erbaut und später von Marie Antoinette genutzt worden war. Bald bemerkten sie, daß sie sich verlaufen hatten, und seltsamerweise keine weiteren Touristen in der Anlage zu sehen waren. Kurz darauf begegneten sie zwei Männern, die sich in ihren altmodischen Mänteln und Dreispitzen wie Gärtner ausnahmen. Als Miss Jourdain sich nach dem Weg erkundigte, antworteten sie nur kurz angebunden, doch die beiden Frauen folgten dem Weg, der ihnen gewiesen worden war. Zu diesem Zeitpunkt überkam Miss Moberly eine ungewöhnliche Traurigkeit, wie sie später in ihrem Tagebuch schrieb; ein Umstand, den sie ihrer Begleiterin damals nicht mitteilte. Genau zur gleichen Zeit überfiel Miss Jourdain ein geradezu überwältigendes Gefühl der Einsamkeit, und sie meinte schlafzuwandeln. Auch sie verschwieg zunächst diese Gefühle.

Miss Moberly (links) und Miss Jourdain. Vorhergehende Seiten: Grabmal auf dem Friedhof Père Lachaise in Paris.

Sie begegneten im Park noch mehreren anderen Gestalten in zeitgenössischen Gewändern, unter anderem einem verhüllten Mann, der am Rande eines kleinen Wäldchens bei einer Bude saß. Miss Jourdain beschrieb, wie er sich ihnen zuwandte, als sie näher kamen, sie aber dennoch den Eindruck hatte, er nähme sie nicht richtig wahr. Sie erschrak jedoch zutiefst über sein schlimmes, pockennarbiges Gesicht. Miss Moberly schrieb später, daß alles um sie herum „plötzlich unnatürlich, und damit unangenehm aussah. Es gab kein Spiel von Licht und Schatten, und kein Windhauch bewegte die Bäume. Alles war von einer intensiven Ruhe." Als sie schließlich am Petit Trianon anlangten, sah Miss Moberly eine hübsche blonde Frau, auch sie in altmodischer Kleidung, die auf einem Stuhl im Gras saß und zu zeichnen schien. Wenige Minuten später betraten sie die Villa und mischten sich bald unter andere Touristen, die alle nach Art des zwanzigsten Jahrhunderts gekleidet waren. Der Bann war gebrochen.

Jede Statue erschien lebendig und wachsam, wie Wächter der glorreichen Vergangenheit des Schlosses. Manche, wie dieser kleine auf einer Schlange reitende Junge, wirkten hypnotisierend und steigerten die ohnehin schon surreale Stimmung.

Erst nachdem eine Woche verstrichen war, fühlten sich die zwei Frauen imstande, ihre Erlebnisse zu vergleichen, von denen sich nicht alle deckten. Aber beide waren sich einig, daß ihnen in der Tat etwas sehr Ungewöhnliches widerfahren war. In den darauffolgenden zehn Jahren besuchten sie Versailles unabhängig voneinander noch mehrere Male, fanden aber, daß sich sowohl die Landschaft als auch die Atmosphäre sehr von ihrem ersten Ausflug unterschied. Ganze Gebäude waren verschwunden, Ziegel-

Als ich den langen, baumgesäumten Weg auf diesen zauberhaften Brunnen in Versailles zu ging, fühlte ich mich wie in einer anderen Welt, voller Schönheit und Ruhe, wo die Zeit stehengeblieben war.

mauern versperrten manche der Wege, die sie entlanggegangen waren, und dort, wo die Dame ihre Skizzen angefertigt hatte, stand nun ein ausladender Rhododendron. Sie stellten umfassende Nachforschungen an bezüglich des ursprünglichen Grundrisses der Gartenanlage und des Kleidungsstils der Menschen, denen sie begegnet waren. Die Ergebnisse schienen unheimlich, aber beide kamen zum selben Schluß: Auf irgendeine Weise waren sie in die Vergangenheit zurückversetzt worden, und was sie beobachtet hatten, war das Leben am Schloß um das Jahr 1780, kurz vor der Französischen Revolution. Die beiden Frauen beschlossen daraufhin, ihr ungewöhnliches Erlebnis zu veröffentlichen und nannten es *Ein Abenteuer* (1911).

Dieses Buch löste viele kontroverse Diskussionen aus, und zahlreiche Experten, einschließlich der Gesellschaft für Parapsychologie, zeigten sich seinem Inhalt gegenüber oft skeptisch. Dennoch meldeten sich weitere Zeugen, die ähnliche Erfahrungen in Versailles gemacht hatten, und die Streitgespräche wurden hitziger. Dann veröffentlichte Phillipe Jullian im Jahre 1965 eine Biographie des französischen Dandys Robert de Montesquiou, die den Vorfall aufzuklären schien. Er legte nahe, die Damen wären nur Zeuginnen eines von einer Madame de Greffuhle nahe des Petit Trianon abgehaltenen Kostümfests gewesen. Es stellte sich jedoch heraus, daß dieses Fest bereits im Jahre 1894 stattgefunden hatte, sieben Jahre vor dem Besuch der beiden Engländerinnen, und ein Brief von Madame de Greffuhle liefert den Beweis, daß sie sich am Tag des „Abenteuers" in London aufgehalten hatte. Die Angelegenheit bleibt nach wie vor ein Rätsel, das wohl nicht aufgeklärt werden kann.

Mir kam in den Sinn, daß dieser unvergeßliche Park jahrhundertelang Zeuge von Intrigen, Verrat, Liebe und Tod gewesen sein mußte, und es schien denkbar, daß diese Vorgänge sich in seiner Landschaft eingeprägt haben.

Als ich in den Gärten von Versailles spazierenging, bemächtigte sich meiner seine Geschichte, von der Zeit Louis XIII., der den Ort für seine Jagdhütte wählte, „um nicht länger draußen in der Kälte schlafen zu müssen", bis zu Louis XVI. und Marie Antoinette, die gemeinsam auf dem Balkon dem vorrückenden Heer der Bauern entgegentraten, welche ihre Verhaftung und Hinrichtung forderten. Mir kam in den Sinn, daß dieser unvergeßliche Park über Jahrhunderte hinweg Zeuge von Intrigen, Verrat, Liebe und Tod gewesen sein muß, und es schien durchaus plausibel, daß viele oder sogar alle dieser entscheidenden und emotionalen Ereignisse in dieser Umgebung auf irgendeine Weise aufgezeichnet oder eingeprägt sind, wie auf einem Tonband oder Film, um sich dem Empfindsamen und Wissenden zu einem späteren Zeitpunkt zu offenbaren.

Miss Moberly schrieb später, daß alles um sie „plötzlich unnatürlich wirkte. Es gab kein Spiel von Licht und Schatten, und kein Windhauch bewegte die Bäume. Alles war von einer intensiven Ruhe."
Beide Frauen schlossen: Auf irgendeine Weise waren sie in die Vergangenheit versetzt worden und erlebten das Leben am Hof von Versailles um 1780, am Vorabend der Revolution.

URALTE KRÄFTE

Pyramide von Couhard, Autun, Burgund

Die wunderschöne französische Stadt Autun galt einst als „Schwester und Rivalin Roms“. Vieles in ihrer Umgebung erinnert noch an ihre ruhmreiche Vergangenheit. An einem drückend heißen Sommernachmittag, als ich die Stufen des Amphitheaters hinaufstieg, erblickte ich zum ersten Mal eine geheimnisvolle Pyramide, die sich oben auf einem angrenzenden Hügel befindet. Auf den ersten Blick schien es nur ein Steinhaufen zu sein, aber ihre Form und exponierte Lage deutete mehr an, und ich eilte zurück zu meinem Wagen. Über eine enge und kurvenreiche Landstraße gelangte ich bald in das kleine alte Dorf Couhard, wo ich meinen Wagen an der Kirche abstellte und mich in Richtung des seltsamen Bauwerkes aufmachte.

Kein Mensch war zu sehen. Das Gras war hochgewachsen und der Platz neben den Steinen durch den Müll unserer modernen Zivilisation traurig herabgewürdigt. Die Pyramide selbst ist ungefähr zwölf Meter hoch und aus unregelmäßigen, mit Mörtel verbundenen Steinen erbaut. In ihrem Inneren befindet sich eine Nische, die nun leer ist. Ich brachte ungefähr eine Stunde damit zu, Aufnahmen zu machen, und die ganze Zeit fühlte ich mich beobachtet. Alles was ich zu Gesicht bekam waren jedoch nur tote Vögel und der Umriß eines Hundes oder einer Katze, die im nahen Gebüsch lauerte. Ich war überzeugt, daß es sich hier um ein bedeutendes Grabmal handeln mußte, doch von wem war es erbaut worden und für wen? Vielleicht würde die Kirche einen Anhaltspunkt für seine Geschichte liefern.

Gerade als ich ins Innere treten wollte, näherte sich ein Mann mittleren Alters, und ich fragte ihn, was er über die Entstehung der Pyramide wisse. Er bedeutete mir, mich zu setzen, und erzählte die folgende Geschichte.

Die Pyramide steht auf dem höchstgelegenen Punkt eines sehr alten, als „Feld der Urnen“ bekannten Friedhofes, und es herrscht allgemein die Auffassung, daß es sich um ein bedeutendes Grab oder ein Grabmal aus der Römerzeit oder gar aus noch früheren Zeiten handelt. Es existieren zahlreiche Theorien darüber, wer hier begraben liegt, oder wem an dieser Stelle ein Denkmal gesetzt wurde; ältere Chronisten favorisierten zwei Möglichkeiten: Cavare, ein berühmter König der Gallier, oder Diviciacus, ein anderer gallischer Häuptling und Druide, der ein Freund von Julius Cäsar und dem römischen Philosophen Cicero war.

Mein Gefährte war geneigt, letzteres zu glauben. Er sprach nun von Sagen über eine seltsame „Kraft“ oder „Energie“, die angeblich die Pyramide umgeben sollte, und von Ereignissen, bei denen nichtsahnende Besucher oder Passanten wie angewurzelt stehenblieben und aufgrund dieser unerklärlichen Kraft große Furcht empfunden hatten. Andere Erzählungen berichten von einer eigenartigen Gestalt, weder Mensch noch Tier, die im Umkreis der Steine gesichtet wurde, und von der gesagt wird, daß sie das Bauwerk bewache.

Die Pyramide soll einst zwanzig Meter hoch und von strahlendweißem Marmor mit schwarzen Sternen bedeckt gewesen sein. Eine gewundene Treppe führte zu ihrer Spitze, auf der zu bestimmten Festtagen die bronzene Urne mit der Asche des Häuptlings gezeigt wurde.

ALLEIN

Château de Raray, Picardie

Vor etwa zwölf Jahren war ich in Paris bei einem Abendessen, bei dem ich mich lange mit einem Regisseur unterhielt, der sich vor allem für das Phantastische und Übernatürliche interessierte. Wir besprachen ein Drehbuch, an dem ich arbeitete, und er dachte über geeignete Örtlichkeiten in Frankreich nach, an denen ich es verwirklichen könnte. „Waren Sie schon beim Château de Raray?“ fragte er. Als ich verneinte, fuhr er fort: „Jean Cocteau wählte diesen Ort als Schauplatz für sein Meisterwerk *Die Schöne und die Bestie,* und es ist wahrhaft ein Märchenschloß, umgeben von zauberhaften Statuen und in eine großartige Landschaft gebettet. Es liegt nur eine Stunde von Paris entfernt.“ Wie er später hinzufügte, glaubte er, daß es dort spuke. Wenn er sich recht erinnerte, ging es um ein junges Mädchen, das im siebzehnten Jahrhundert eine Bedienstete auf dem Château gewesen war und sich im nahen Wald erhängt hatte. Sie hatte eine Affaire gehabt, entweder mit einem dort lebenden Adligen oder einem Angehörigen des Personals, der sie zurückgewiesen hatte. Noch tragischer an der Geschichte war, daß ihr kleiner Sohn gefunden wurde, wie er schwer verwundet allein durch den Wald irrte. Es hatte den Anschein, daß sie versucht hatte, ihn zuerst zu töten, ihr dies aber entweder nicht gelungen war, oder sie die Tat letztendlich doch nicht übers Herz gebracht hatte. Wie dem auch sei, das Mädchen muß zu der Zeit verwirrten Geistes gewesen sein, und die Erscheinung des einsamen Jungen wurde im Wald gesehen, zweifellos immer noch auf der Suche nach seiner Mutter.

Den ganzen Nachmittag machte ich Aufnahmen vom Schloß und den Statuen. Die Schatten auf den Gesichtern der Götter ließen sie wie Phantome aus der Unterwelt erscheinen.

Ich konnte dieses Gespräch nicht vergessen, und fuhr, als sich die Gelegenheit bot, zum Château. In der Nacht vor meinem Besuch las ich noch einmal Charles Perraults klassisches Märchen und erkannte bei meiner Ankunft am darauffolgenden Morgen sofort, warum Cocteau das Gebäude mit dieser Geschichte in Verbindung gebracht hatte. Obschon das wundervolle Gelände hinter dem Château in einen Golfplatz und das Herrenhaus selbst in ein exklusives Hotel umgewandelt worden sind, ist alles so behutsam renoviert worden, daß nichts von seiner Erhabenheit verloren ging. Als ich die lange Allee vor dem Château durchschritt, begeisterte mich der Anblick zweier bemerkenswerter Arkaden von Statuen und Büsten. Oben auf den Mauern sind Jagdszenen dargestellt, mit nicht weniger als vierundvierzig Hunden, einem Hirsch und einem Wildschwein. Darunter befinden sich Nischen mit Figuren von römischen Kaisern und Kaiserinnen und griechischen Gottheiten.

Neben dem Château, wo sich das Klubhaus und Büros befinden, traf ich eine Angestellte, die mir von der Geschichte des Gebäudes erzählte, die bis zum dreizehnten Jahrhundert zu einer Familie Bouteiller zurückverfolgt werden kann. Das Haus jedoch, wie man es heute sieht, die Anlage und die Statuen, sind das Werk eines gewissen Nicholas de Lancy und stammen aus dem frühen siebzehnten Jahrhundert. De Lancy

Die Figuren auf dem Torbogen beschwören die legendäre Jagd nach dem Einhorn. Der Bogen selbst markiert die Grenze zwischen zwei Welten.

Jean Cocteau wählte Château de Raray als Schauplatz seines Filmes Die Schöne und das Biest. *Das Märchenschloß ließ meine Phantasie ausschweifen.*

war ein Ratsmitglied König Louis XIII. und Kammerherr des Fürsten von Orléans. Vom Geist des kleinen Jungen hatte die Frau noch nie gehört, schlug aber vor, ich solle mir den alten Torbogen ansehen, „Tor des Einhorns“ oder „Rotes Tor“ genannt.

Durch die Schatten, die der strahlende Sonnenschein auf die Gesichter der alten Götter warf, glichen sie einer Galerie von Phantomen aus der Unterwelt. Später ging ich in Richtung Wald zu dem berühmten Bogen. Die Figuren auf den Toren erinnern an die legendäre Jagd auf das Einhorn und schaffen eine mystische Atmosphäre. Gerade als ich einige Aufnahmen gemacht hatte, trat ein Mann mittleren Alters mit seinen Golfschlägern durch den Bogen. Er fragte mich lächelnd, was denn hier vor sich ginge. Für ihn seien das Château, das Gelände und die Statuen eine herrliche Phantasiewelt, ein befreiender Ausgleich zu seinem profanen und bedrückenden Büroalltag in Paris. Hier, so sagte er, könne er sich entspannen und seinen Gedanken freien Lauf lassen. Ich fragte ihn nach der Geschichte des Geistes, aber auch er wußte nichts darüber. Gegen Ende unserer Unterhaltung jedoch blickte er mich plötzlich nachdenklich an und meinte, er erinnere sich an einen Zwischenfall, der sich im vorhergehenden Sommer zugetragen hatte und vielleicht mit dem Geist des kleinen Jungen zusammenhinge. „Ich hatte mit einem Geschäftsfreund am Wochenende hier Golf gespielt, und meine Frau war mit den Kindern aus Paris zum Mittagessen gekommen. Die Kinder spielten anschließend auf dem Gelände. Schließlich trafen wir uns alle in der Nähe des Bogens, um zum Wagen zurückzugehen. Ich fragte meine vierjährige Tochter, ob es ihr gefallen habe, doch sie schüttelte den Kopf. Als ich sie nach dem Grund fragte, dauerte es einige Zeit, bis sie antwortete, aber schließlich meinte sie, sie hätte Angst vor den Statuen. Ich sagte ihr, daß sie nicht echt seien, aber sie behauptete, eine von ihnen hätte sich bewegt. ‚Unmöglich‘, meinte meine Frau. ‚Aber sie hat sich bewegt, sie hat sich bewegt‘, rief sie. ‚Es war ein kleiner Junge, der beim Bogen im Wald stand.‘ Damals beachteten wir sie nicht weiter, obwohl sie anfing zu weinen. Kinder denken sich andauernd Phantasiewesen aus, nicht wahr?“

Forschend sahen mich ihre Augen an. Wenn sie nur reden könnten, erführe ich dann die Geschichte des kleinen Jungen? Rechts: Mich begeisterten die beiden bemerkenswerten Arkaden vor dem Château mit ihren Statuen und Büsten. Oben auf den Mauern sind Jagdszenen, in den Nischen klassische Gottheiten dargestellt.

GEISTER DER KATHARER

Pays des Cathars, Languedoc

Zu Beginn des dreizehnten Jahrhunderts gehörte das Languedoc nicht offiziell zu Frankreich, und seine Kultur unterschied sich wesentlich von all seinen europäischen Nachbarn. *Langue d'Oc* bedeutet „Sprache des Ja", und diese kleine, aber einzigartige Zivilisation hatte eine Gesellschaft geschaffen, welche die vorherrschende Moral ihres Zeitalters – die Durchsetzung egoistischer Interessen durch Unterdrückung und Gewaltanwendung gegenüber seinen Mitmenschen – ablehnte zugunsten einer zivilisierteren Ethik, in deren Mittelpunkt die Wahrung der persönlichen Würde durch Liebe, Vertrauen und Achtung stand. Die Bewohner schufen in allen Bereichen der Architektur, Literatur und den Künsten Werke von großer Schönheit. Dies zeigte sich nirgendwo besser als im Brauch der Troubadoure, fahrenden Dichtern und Musikern, die in ihren Liebesliedern eine Botschaft von Verständnis anstatt Gewalt, Überzeugungskraft anstatt Zwang predigten.

Mit der allmählichen Ausbreitung dieser neuen Ära der Toleranz im übrigen Südfrankreich, in Spanien und Norditalien ging eine wachsende Unzufriedenheit mit der organisierten Religion einher, insbesondere der katholischen Kirche, die in einem Zustand der Verwirrung begriffen schien. Nur zu oft schwelgte sie in ungebührlich pompösen und prachtvollen Zeremonien, und viele ihrer Priester führten ganz offensichtlich ein heuchlerisches und verschwendungssüchtiges Leben. Aus dieser Enttäuschung heraus entstand die mächtige Sekte der Albigenser, benannt nach einem ihrer Zentren, der Stadt Albi im Languedoc, oder Katharer, was sich aus dem Griechischen ableitet und „die Reinen" bedeutet. Die Wurzeln ihres Glaubens lagen im manichäischen Dualismus des dritten Jahrhunderts, der okkulte und magische Züge trug und lehrte, daß Gott und dem Teufel jeweils die gleiche Macht zukäme, und die Welt des Materiellen ein Reich der Finsternis sei, geschaffen und regiert vom Teufel. In diese schlechte Welt war das reine Wort Christi gekommen, die Erscheinung Gottes, ein heiliger, verehrungswürdiger Geist. Den Katharern zufolge wurde die Erlösung nicht durch Christi Tod am Kreuz zuteil, sondern durch sein beispielhaftes Leben auf dieser Erde. Sie glaubten nicht an aufwendige und kostspielige Zeremonien und kleideten sich in einfache Röcke; man sagt, sie seien außergewöhnlich sanft in ihrem Umgang gewesen, und in ihren Gesichtern spiegelte sich die Reinheit ihrer Seele. Vor allem die Armen fanden sich in diesem einfachen Glauben wieder. Als der Einfluß der Katharer zunahm und beinahe der gesamte südfranzösische Adel sich ihnen angeschlossen hatte, zeigte sich die Kirche natürlich alarmiert. Im Jahre 1209 rief Papst Innocenz III., dessen Name uns nur mit bitterster Ironie über die Lippen will, mit Unterstützung des Königs von

Les Hérétiques de Montségur *von Émile Bayard, 1840. Der Glaube der Katharer wurzelt in der Annahme, daß Gott und Teufel gleiche Macht hätten und die materielle Welt ein Reich der Finsternis sei, das regiert werde vom Teufel.*

Montségur war das spirituelle Zentrum und die letzte Zuflucht der Katharer. Am Morgen des 16. März 1244 zogen die Letzten langsam von der belagerten Burg hinab, den sicheren Tod auf dem Scheiterhaufen vor Augen.

Frankreich zum Kreuzzug gegen die Katharer auf. Ein gewaltiges Heer von Rittern und Söldnern, von denen viele aus England kamen, machten sich auf in den Süden des Landes, um an einem entsetzlichen Gemetzel und einer Inquisition teilzuhaben, die beinahe ein halbes Jahrhundert andauern sollte.

Der Papst hatte ein Dekret erlassen, das den Angehörigen des Kreuzzuges von vornherein die Absolution für alle Sünden erteilte, die sie begehen würden, und alle Besitztümer der Katharer und ihrer Verbündeten zur Beute erklärte. Der Albigensische Kreuzzug begann mit der Belagerung von Béziers, wo die Kreuzritter von den Stadtvätern die Übergabe einer kleinen Gruppe von Katharern forderten, die sich dort versteckt hielt. Als ihnen dies verweigert wurde, gaben sie Befehl, alle 20 000 Bewohner der Stadt, ob Mann, Frau oder Kind, niederzumetzeln. Als der Statthalter des Papstes gefragt wurde, wie sie die Gläubigen von den Ketzern scheiden könnten, gab er zur Antwort: „Tötet sie alle. Gott wird die Seinen erkennen."

Makabre Skulpturen zeugen lebhaft von der grausamen Geschichte von Mirepoix. Die Stadt gab vielen Katharern Zuflucht. Gegenüberliegende Seite: Peyrepertuse ist eine Burg in einer Burg, hoch oben in den Wolken. Durch seine verfallenden Mauern zieht eine gespenstische Prozession von „perfecti", heiligen Katharern, die lieber verhungerten, als sich den Folterern der Inquisition auszuliefern.

Die darauffolgenden fünfunddreißig Jahre erlebten einige der grausamsten Gemetzel seit dem Fall des Römischen Reiches. Die Katharer wurden zu Tausenden für ihren Glauben gefoltert, in Ketten gelegt dem Tode überlassen oder bei lebendigem Leibe verbrannt. Bis zum Jahre 1243 war fast aller erkennbarer Widerstand zum Erliegen gekommen, ausgenommen einiger einzelner Festungen, darunter auch Burg Montségur. Am 16. März 1244 wurden hier nach zehnmonatiger Belagerung etwa zweihundert Katharer lebendig verbrannt. Diese Festung und der Glaube ihrer Märtyrer wurden zur Legende.

Noch heute ist das Mysterium und der Geist der Sekte lebendig, und aus aller Welt pilgern Menschen zu den Ruinen ihrer Burgen. Zwei der beeindruckendsten und unzugänglichsten sind Peyrepertuse und Quéribus hoch in den Pyrenäen. Bedenkt man ihre Abgeschiedenheit, ist es schwer begreiflich, wie sie jemals erobert werden konnten. Peyrepertuse ist eine Festung innerhalb einer Festung, hoch oben in den Wolken. Man sagt, in seinen zahlreichen verfallenen Mauern gehe eine geisterhafte Prozession von „perfecti" um, wie die heiligsten Mitglieder der Sekte der Katharer genannt wurden, die der Überlieferung zufolge lieber verhungerten als sich den Folterknechten der Inquisition zu ergeben. Ich bezweifle, daß viele Besucher es wagen würden, nach Einbruch der Dunkelheit in der Burg zu verweilen, um auf das Erscheinen dieser Phantome in ihren Kutten zu warten.

Quéribus ist die spektakulärste und abgelegenste aller Burgen. Im wahrsten Sinne des Wortes aus dem Fels gehauen, gleicht es einem riesigen, zum Himmel weisenden Finger. In der sengenden Nachmittagssonne erklomm ich die vielen Stufen, die hinauf

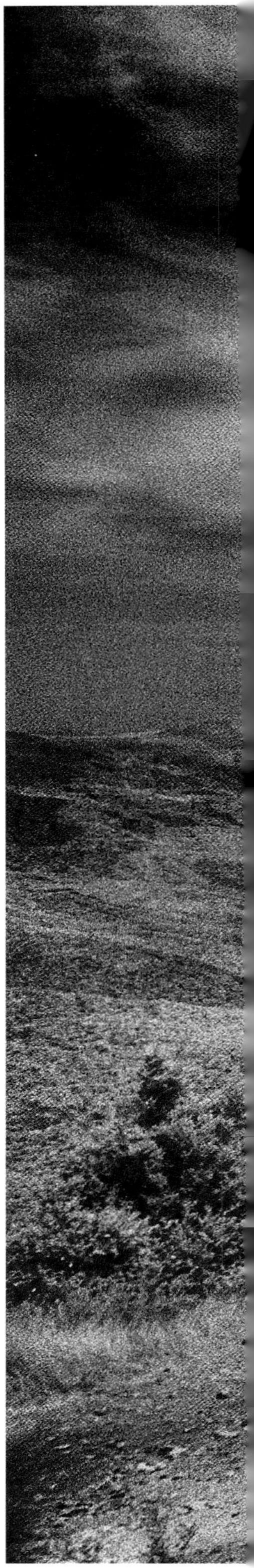

zur Festung führen, und erreichte erleichtert das kühle Innere des gut erhaltenen gotischen Bergfrieds. Hier, im Halbdunkel, versuchte ich mir vorzustellen, wie diese heiligen Männer und ihre treuen Soldaten sich gefühlt haben mußten, abgeschnitten vom Rest der Welt und den sicheren Tod in den Händen der Belagerer erwartend.

Burg Montségur war das spirituelle Herz und der letztendliche Rückzugsort des katharschen Glaubens. Sie war auf einem heiligen Berg erbaut worden. Es hieß, daß sich etwa zweihundert Katharer und dreihundert Soldaten innerhalb ihrer Mauern befanden, umringt von einem Heer von zehntausend Mann. Die Belagerung sollte zehn Monate andauern, bis am 1. März 1244 Pierre-Roger de Mirepoix die Burg mit einer weißen Fahne verließ, um Bedingungen für einen Waffenstillstand auszuhandeln. Man einigte sich darauf, daß den Soldaten freier Abzug gewährt würde, während die Katharer nach Ablauf einer Frist von zwei Wochen bei lebendigem Leibe verbrannt werden sollten, so sie ihrer Ketzerei nicht abschwörten. In den darauffolgenden Tagen nahmen einige Soldaten den Glauben der Katharer an, und am Morgen des 16. März stiegen alle Bewohner langsam von der Burg herab. Zweihundertundsechzehn Katharer begaben sich freiwillig auf den gewaltigen Scheiterhaufen. Heute markiert ein Kreuz dieses „Feld der Verbrannten" unterhalb der Burg.

Fratzenhafte Skulpturen verspotten denjenigen, der nach dem legendären, verschollenen Schatz der Katharer sucht. Gegenüberliegende Seite: In sengender Sonne erklomm ich die unzähligen Stufen zur Burg Quéribus und betrat erleichtert ihr Inneres.

Eines der vielen Mysterien, die die Katharer umgeben, betrifft den Schatz, den sie aus der Burg schmuggeln konnten, bevor sie sich ergaben. Er geht angeblich über materiellen Reichtum hinaus, wurde aber nie entdeckt. Zuerst war er in einer befestigten Höhle im Gebirge verborgen, doch dort wurden nur menschliche Gerippe und Schädel gefunden. Andere sind der Ansicht, daß er zu Unterstützern in ein Bergdorf geschafft wurde, wo er heute noch verborgen liegt (siehe auch S. 73 – 77). Es existieren auch viele Theorien darüber, worum genau es sich bei dem Schatz handele. Eine besagt, es sei ein Buch oder Dokument, das das Geheimnis um Christi Tod und Auferstehung enthüllt; eine andere, daß es der legendäre Heilige Gral sei. Richard Wagner hat angeblich die Burg besucht, als er seinen *Parsifal* schrieb, die auf der Legende des Grals basiert, und die Nazis, die perverserweise für sich in Anspruch nahmen, die rechtmäßigen Erben dieser Reliquie zu sein, entsandten in den dreißiger Jahren einen jungen Mediävisten namens Otto Rahn nach Montségur, damit er nach dem Schatz forsche. Er unternahm zwei ausgedehnte Reisen, beging jedoch anschließend Selbstmord und nahm jegliches Geheimnis, das er entdeckt haben mochte, mit sich ins Grab.

Montségur und die anderen Festungen der Katharer aber stehen heute noch als Symbole der Freiheit und Aufrichtigkeit, die die Flammen der Tyrannei überdauerten.

Der Teufel Asmodeus, der Wächter von König Salomons Schatz, steht gleich am Eingang der Kirche St. Maria Magdalena. Die Inschrift über der Tür lautet: Terribilis est locus iste.

DAS RÄTSEL VON RENNES-LE-CHÂTEAU

Rennes-le-Château, Languedoc

Das winzige Bergdorf Rennes-le-Château ist seit prähistorischen Zeiten bewohnt und galt bei den Kelten als heilige Stätte. Im fünften Jahrhundert war es eine blühende Stadt namens *Rhedae,* eine wichtige Zitadelle der Westgoten, die das Römische Reich gestürzt und ein Königreich in den Pyrenäen aufgebaut hatten. Die Festung wurde im dreizehnten Jahrhundert während des albigensischen Kreuzzuges von den Anhängern der Katharer belagert und erobert. Im Jahre 1362 dann wurde die Bevökerung von der Pest hinweggerafft und die Stadt selbst von katalanischen Banditen zerstört. Davon erholte sie sich nie ganz und blieb das kleine, aber mystische Dorf, das sich unseren Augen heute bietet.

Im Jahre 1885 wurde dort Berenger Saunière zum neuen Priester ernannt. Der dreiunddreißigjährige Geistliche, ein gutaussehender und gebildeter, aber mittelloser Mann, war eine Art Rebell und angeblich von seinen Vorgesetzten in das abgelegene Dorf strafversetzt worden. Sechs Jahre lang führte er das ruhige Leben eines Seelsorgers, bis er im Jahre 1891 einige Restaurationsarbeiten in der Dorfkirche St. Maria Magdalena durchführte. Als der obere Teil des hohen Altars angehoben wurde, zeigte sich, daß zwei der gemeißelten westgotischen Säulen hohl waren. Innen verbargen sich mehrere Holzröhren, die Pergamentrollen enthielten. Bei zweien handelte es sich um Stammbäume aus dem dreizehnten und dem siebzehnten Jahrhundert, die anderen waren verschlüsselte Dokumente, die einer seiner Vorgänger, der Abt Antoine Bigou, im achtzehnten Jahrhundert geschrieben hatte. Dieser Priester war auch der persönliche Kaplan der Familie Blanchefort gewesen, die auf dem Château des Seigneurs de Rennes gelebt und „ein sehr großes Geheimnis“ von einer Generation zur nächsten weitergereicht hatte.

Marie Denarnaud (1868 – 1953) war Vertraute und Haushälterin von Abbé Bérenger Saunière (1857 – 1917), der zufällig in der Dorfkirche ein altes und begehrtes Geheimnis fand, das ihr Leben völlig veränderte.

Saunière erkannte, daß er etwas Wichtiges gefunden hatte. Da er aber die Dokumente nicht entschlüsseln konnte, brachte er sie seinem Vorgesetzten, dem Bischof von Carcasonne, der ihn sogleich nach Paris schickte, damit er Experten der Religionsgeschichte konsultieren konnte. Er blieb dort drei Wochen und kehrte rätselhafterweise als sehr reicher Mann zurück, der im Verlauf der darauffolgenden Jahre geheime Ausgrabungen neben der Kirche und auf dem Friedhof durchführte. Er ließ eine Bergstraße für die Dorfbewohner anlegen und installierte einen Wasserturm, während er in Gesellschaft seiner Haushälterin und Vertrauten Marie Denarnaud, einem Bauernmädchen, das seit seiner Ankunft im Dorf für ihn gearbeitet hatte, ein verschwenderisches Leben führte. Zudem baute er ein Haus im Stil der Renaissance, die Villa Bethania, und einen neugotischen Turm, der unter dem Namen Tour Magdala bekannt ist. Seine bemerkenswerteste Stiftung jedoch war die kunstvolle Ausgestaltung der Kirche. Sie war

Saunière errichtete Tour Magdala, einen neugotischen Turm, in dem er esoterische Bücher und Manuskripte aufbewahrte. Am 17. Januar 1917 starb er, und seine Beichte soll den Priester über alle Maßen schockiert haben.

mit nahezu surrealen Tafeln angefüllt, die in leuchtenden Farben die Stationen des Kreuzwegs darstellten, mit merkwürdigen Statuen und einem Basrelief unter dem Altar – ein beinahe exaktes Replikat eines Buntglasfensters einer nahegelegenen Kirche. Allen diesen Figuren und Gemälden jedoch war eine bizarre Abweichung von der traditionellen Machart eigen. Über dem Eingang zur Kirche stand eine lateinische Inschrift, die lautet: *Terribilis est locus iste (Schrecklich ist dieser Ort);* gleich hinter der Tür war eine entsetzliche Statue eines Dämons, der den Taufstein hielt und als Asmodeus identifiziert wurde, der Wächter von König Salomons legendärem Schatz.

Was hatte Saunière gefunden und wie war er so schnell zu derartigem Reichtum gekommen? Darauf gab es nur zwei Hinweise. Bei seiner Rückkehr aus Paris, nach der ursprünglichen Entdeckung der Pergamente, brachte er die Reproduktionen von drei Gemälden mit. Von einem, Poussins *Les Bergers d'Arcadie,* glaubt man, daß es gemeinsam mit einem Grab in einem nahen Dorf den Schlüssel zur Entzifferung der Pergamente enthält. Eine weitere Möglichkeit war, daß er das Geheimnis entdeckt hatte, das Abt Antoine Bigou von Madame d'Hautpoul de Blanchefort anvertraut worden war, die als letzte ihrer Familie auf dem Château des Seigneurs de Rennes gewohnt hatte und im achtzehnten Jahrhundert gestorben war. Doch was genau war dieser Schatz oder dieses Geheimnis? Könnte es sich um den legendären Schatz der Katharer handeln, der aus Burg Montségur heraus geschmuggelt wurde, bevor sie an die Kreuzritter fiel? War es der verschwundene Schatz der Tempelritter? (Bertrand de Blanchefort war Großmeister der Templer gewesen.) Oder sollte es das Gold der Westgoten sein, das sie Gerüchten zufolge dort versteckt hatten? Es gibt natürlich noch eine weitere Möglichkeit: Es handelte sich nicht um einen Schatz, sondern um ein uraltes Geheimnis von solcher Wichtigkeit, daß jemand bereit war, viel Geld dafür zu bezahlen, damit Saunière es nicht preisgab. War er deshalb als reicher Mann aus Paris zurückgekehrt?

Aufgrund seines umstrittenen Lebenswandels und Benehmens wurde Saunière schließlich vom Bischof von Carcasonne seiner Pflichten enthoben, doch er appellierte an den Vatikan und wurde umgehend wieder eingesetzt. Am 17. Januar 1917, im Alter von fünfundsechzig Jahren, erlitt er einen Schlaganfall und starb fünf Tage später. Er soll auf dem Sterbebett ein so schockierendes Geständnis abgelegt haben, daß der Priester, der im die Beichte abnahm, sich weigerte, ihm die letzte Ölung zu geben.

Einige Tage vor seinem Tode hatte Saunière sein Geheimnis und sein Vermögen in die Hände von Marie Denarnaud übergeben, die weiterhin ein angenehmes Leben in der Villa Bethania führte. Im Jahre 1946 setzte sie die Familie Corbu als rechtmäßige Erben ihres Besitzes ein und versprach, ihnen vor ihrem Tode ein Geheimnis anzuvertrauen, das ihnen Reichtum und Macht zugleich verleihen würde. Aber sieben Jahre später erlag auch sie wie Saunière einem plötzlichen Schlaganfall und nahm ihr Geheimnis wohl mit ins Grab.

Im kleinen Buchladen des Museums unterhielt ich mich lange mit einer der Kustoden, die viele meiner Fragen beantwortete, wiewohl in diesem Dorf jede Antwort neue Fragen aufzuwerfen scheint. Sie erzählte mir, wie der Tour Magdala Saunière als Bibliothek gedient hatte, der eine große Sammlung esoterischer Bücher sein eigen

Die Kirche St. Maria Magdalena ist mit leuchtendbunten Tableaux geschmückt. Dieses Basrelief unterhalb des Altars ist die genaue Nachbildung eines Buntglasfensters in einer anderen Kirche der Gegend. Allen Figuren und Gemälden dieser Kirche ist aber eine bizarre Abweichung von traditionellen Stilen anzusehen.

nannte. Der Turm, die Gärten und die Villa Bethania seien nun im Besitz eines Monsieur Buthion. Saunière hatte mit seiner Haushälterin das Presbyterium bewohnt, das jetzige Museum, und die Villa Bethania nur zur Zerstreuung genutzt. Sie ist heute verschlossen und, wie sie mir sagte, spuke es angeblich in einem der Räume. Als zu Beginn dieses Jahrhunderts die Straße aufgegraben wurde, stießen die Arbeiter vor dem Haupteingang der Villa auf ein altes Skelett. Ich bemerkte ein tiefes Loch im Steinboden, das mit einem eisernen Gitter bedeckt war. Als ich mich nach seiner Funktion erkundigte, meinte sie, ein früherer Eigentümer hätte bei seiner Suche nach dem Schatz Löcher in den Boden gesprengt. Dann fügte sie hinzu, daß viele alte Legenden mit dem Château des Seigneurs de Rennes in Verbindung stünden, in dem sich zahlreiche geheime Verliese und Gänge befinden. Eine erzählt, daß in den Höhlen, die mit diesen unterirdischen Gängen verbunden sind, eine Spezies von Troglodyten in ewiger Zeitlosigkeit fern jeden Tageslichts lebt.

Inzwischen war ich völlig erschöpft und suchte, diesem Alptraum zu entfliehen. Das Ausmaß des Grauens überstieg meine Kräfte.

DAS BÖSE ERBE DES GILLES DE RAIS

Château Champtocé, Maine-et-Loire

Es geht die Sage, daß im Winter des Jahres 1404 ein jäher und gewaltiger Sturm den Nachthimmel über Burg Champtocé erhellte, gerade zu der Stunde, als die Gemahlin des Guy de Laval einem Sohn das Leben schenkte. Als sie später erschöpft im Schwarzen Turm lag, konnte sie niemals geahnt haben, daß dieser kleine Junge, den sie so liebevoll in ihren Armen wiegte, zu einem der berüchtigsten Massenmörder der Geschichte heranwachsen würde.

Gilles de Rais wuchs in privilegierten Kreisen auf. Als beide Eltern starben, erbte der Elfjährige ein gewaltiges Vermögen. Im Alter von sechzehn Jahren hatte er seinen Wohlstand schon außerordentlich vermehrt, indem er seine Cousine, Catherine von Thouars, erst entführte und dann in aller Heimlichkeit heiratete. Dies war die erste der zahlreichen Ungeheuerlichkeiten, die der junge Libertin in seinem kurzen Leben begehen sollte. Der Jüngling, dem eine seltene Eleganz und auffallende Schönheit nachgesagt wurde, besaß viele Burgen und Schlösser in ganz Frankreich, und bald schwelgte er in verschwenderischem Luxus, was seine adligen Freunde entsetzte und sein Vermögen schwinden ließ.

Gilles de Rais (1404 – 1440). Dieser sadistische Libertin gab Charles Perrault die Anregung zu dessen Blaubart.

Diese Zeit der Ausschweifungen fand ein jähes Ende durch die Einberufung ins Heer des Königs von Frankreich, Charles VII., der ihn im Jahre 1429 zum Marschall von Frankreich und Beschützer von Johanna von Orléans ernannte. Während des Feldzuges kämpfte er tapfer und wich kaum von ihrer Seite. Es scheint, daß diese außergewöhnliche Frau, die behauptete, von Gott zur Führung des französischen Heeres berufen zu sein, die mystische Seite seines Lebens ansprach. Als sie im Jahre 1431 in die Gefangenschaft der Engländer geriet und auf dem Scheiterhaufen verbrannt wurde, soll er in einen Zustand selbstzerstörerischen Wahnsinns verfallen sein; er verfluchte den Gott, der es zugelassen hatte, daß seine geliebte Johanna grausam gefoltert und getötet worden war. Er zog sich auf seine Burg bei Tiffauges zurück, wo er sich der Alchemie, der Kunst, unedles Metall in Gold zu verwandeln, widmete.

Was von seinem Vermögen geblieben war, verringerte sich nun rasch. Einen Großteil davon erhielten die sogenannten Magier, die ihm bei seinen neuen Bestrebungen halfen. Unter dem Einfluß des grausamsten unter ihnen, Franceso Prelati, gelangte er zu der Überzeugung, daß er die Hilfe des Teufels gewinnen müsse. Hierfür seien die verabscheuungswürdigsten Verbrechen nötig. Nun sollte er die groteske Leidenschaft entdecken, die ihn den Rest seines Lebens in Anspruch nahm: Folter, sexueller Mißbrauch und Mord an kleinen Kindern, vornehmlich Knaben. Es wird berichtet, daß über zweihundert seinem Versuch, mit dem Satan in Kontakt zu treten, zum Opfer fielen. Im Jahre 1440 wurde er verhaftet und in Nantes vor Gericht gestellt, wo er für schuldig befunden und zum Tode durch Erhängen verurteilt wurde.

Château de Champtocé ist finster und furchterregend, wie es für den Geburtsort des verkommenen Gilles de Rais nur angemessen ist. Je länger die Schatten wurden, desto unbehaglicher fühlte ich mich an diesem Ort des Grauens.

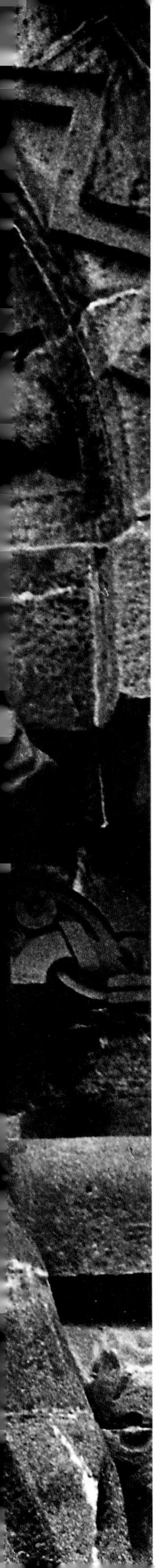

DEUTSCHLAND

Und mich ergreift ein längst entwöhntes Sehnen
nach jenem stillen, ernsten Geisterreich,
es schwebet nun in unbestimmten Tönen
ein lispelnd Lied, der Äolsharfe gleich,
Ein Schauer faßt mich, Träne folgt den Tränen,
das strenge Herz, es fühlt sich mild und weich;
was ich besitze, seh ich wie im Weiten,
und was verschwand, wird mir zu Wirklichkeiten.

Faust. Eine Tragödie. Zueignung. Johann Wolfgang von Goethe (1749 – 1832)

Faust, Goethes poetische *tour de force,* die Geschichte eines Mannes, der dem Teufel seine Seele verkauft im Tausch gegen absolute Erkenntnis, stellte den Höhepunkt des Interesses am Okkulten dar, das dieser zeit seines Lebens bekundete, einschließlich seiner Erfahrung, sich selbst als einer Erscheinung oder Doppelgänger zu begegnen. Es geschah, als der junge Goethe von seiner Geliebten schied. „Als ich auf dem schmalen Fußweg entlangritt, ergriff bei Drusenheim eine seltsame Vorstellung von mir Besitz. Vor meinem inneren Auge sah ich meine eigene Gestalt mir entgegenreiten, in einen Anzug gekleidet, den ich nie getragen hatte – hechtgrau mit goldener Litze. Etwa acht Jahre später befand ich mich auf genau derselben Strasse, eben diese Kleider tragend, auf dem Weg, Frederike noch einmal zu besuchen.“

Mir erschien der Charakter der Deutschen schon immer doppelbödig: an der Oberfläche beherrscht und undurchdringlich, verbirgt sich darunter eine lebhafte Phantasie. Sobald dieser freier Lauf gelassen wird, bringt sie beispiellos geniale Schöpfungskraft hervor; denken wir nur an die Gemälde von Caspar David Friedrich, an die Musik Wagners und das Leben des „Märchenkönigs“ Ludwig II. von Bayern, dessen mysteriöse und phantastische Schlösser unübertroffen bleiben.

Mein Besuch der Ruine von Burg Frankenstein erfüllte meine lang gehegte Absicht, den Beweis dafür zu finden, daß Mary Shelley aus dieser Festung eine Anregung für den gleichnamigen Roman bezog. Doch meine Reise durch den nun zugänglichen Ostteil des Landes war es, was meine Phantasie in Gang setzte, Burgen und Villen, die mehr als ein halbes Jahrhundert dem Rest der Welt verborgen waren. Viele dieser alten Gebäude, wie z. B. die Burgen bei Falkenstein und Rothenberg, thronen auf Hügeln oder Felsen; andere, wie Bad Muskau, liegen heute verfallen in ihren verschlafenen Dörfern. Nur die Geister ihrer erhabenen Vergangenheit leben weiter.

Doch die zerstörte Stadt Dresden ist es, die mich wohl nie mehr loslassen wird: ihre endlosen zerbombten Straßen, die schwarzen, blinden Fensterhöhlen und unheimlichen verrußten Denkmäler. Es war ein Anklang der Hölle auf Erden, als sei ein gigantisches Ungeheuer durch die Stadt gezogen, nur innehaltend, um jeder Kreatur auf seinem Weg das Blut auszusaugen, bevor es seine grauenhafte Reise fortsetzte. Die Frage drängte sich mir auf: Welche Schreckenstaten rechtfertigten ein solches Schicksal?

DIE VERLORENE SEELE

Schloß Muskau, Bad Muskau, Sachsen

An der Grenze von Deutschland und Polen liegt eine der skurrilsten Ruinen, die ich je erblickt habe. Kunstvoll gemeißelte Figuren erheben sich stolz vom Dach dieses gewaltigen romantischen Monuments, das den Zerstörungen des Zweiten Weltkriegs wunderbarerweise entgangen war. Einst war das Schloß das Heim des Fürsten Hermann von Pückler-Muskau, einem von Deutschlands größten Landschaftsgärtnern und Reiseschriftstellern. Als junger Mann schockierte dieser unkonventionelle Aristokrat seine Zeitgenossen, indem er sich zu mitternächtlicher Stunde Zugang zur Grabkammer seiner Familie verschaffte und die Särge seiner Vorfahren öffnete. Durch eine solch dunkle und makabre Tat suchte er seine eigene Furcht vor dem Tod und dem Unbekannten zu überwinden. Auf seine alten Tage wurde er zunehmend exzentrisch und schließlich, wie manche behaupten, verrückt. Er pflegte bisweilen in einer funkelnden prunkvollen Kutsche, von zwölf weißen Hirschen gezogen, in seinem grandiosen Park spazierenzufahren. Zu manchen Anlässen wurde dieses Gespann in den Straßen von Berlin gesichtet, stolze zweihundert Kilometer von Bad Muskau entfernt.

Fürst Hermann von Pückler-Muskau (1785 – 1871). Als junger Mann stieg er um Mitternacht in die Familiengruft hinab und ließ die Särge seiner Vorfahren öffnen. Vorhergehende Seiten: Friedrich Barbarossa im Kyffhäuser, Thüringen.

Wie ich von einem der Kustoden des nahen Museums erfuhr, ist es jedoch nicht sein halb wahnsinniger Geist, der durch die Ruine spukt, sondern die erbarmungswürdige Erscheinung einer wunderschönen jungen Abessinierin, deren Grab auf dem überwucherten Friedhof des Dorfes liegt. Dort, inmitten von Unkraut und wilden Blumen, fand ich den kleinen Grabstein, auf dem eine Photographie des unglücklichen Mädchens zu sehen ist.

Das Schutzglas war zersplittert, das Photo zerrissen und mit toten Fliegen bedeckt. Unter dem Bild war folgende Inschrift zu lesen:

„Am Mittag des 27. Oktober starb auf Schloß Muskau die abessinische Jungfrau Machbuba. Fürst Hermann von Pückler-Muskau hatte sie während seiner letzten Orientreise auf einem Sklavenmarkt gekauft, als sie elf Jahre alt war. Er hatte Mitleid mit ihr und brachte sie als seine Pflegetochter mit zurück nach Bad Muskau, wo sie im Alter von sechzehn Jahren an gebrochenem Herzen starb. Ihre Beerdigung fand am Abend des 29. Oktobers auf dem Dorffriedhof statt. Die gesamte Dienerschaft des Fürsten nahm daran teil. Auf dem Weg vom Schloß zum Friedhof standen sie in einer Reihe und hatten Fackeln entzündet für das Mädchen, dem ihre Liebe gehörte."
Aus dem Kirchenregister von 1840, Nr. 51

Man sagt, daß ihr Geist noch heute diesen einsamen Weg zum Schloß hinaufgeht und dort am Fuße der verfallenen Mauern sitzt. Der Kustos fügte hinzu, der Fürst habe sich immer gerühmt, er habe sie gekauft, daß sie ihm eine Tochter sei – jedoch wenn er betrunken war und seinen Freunden von ihr erzählte, so wurde deutlich, daß auch sie ein Opfer seiner lüsternen Gier geworden war.

Auf dem verwilderten Dorffriedhof fand ich zwischen Unkraut und Blumen Machbubas kleinen Grabstein mit einem Photo des unglücklichen Mädchens. Das Glas war zersplittert, das Bild zerrissen und von toten Fliegen bedeckt.

Das Schloß in Bad Muskau ist eine der eindrucksvollsten Ruinen, die ich je photographierte, das Werk eines wahren Genies. Hier spuken die Zeichen seiner prachtvollen Geschichte und der traurige Geist der abessinischen Sklavin, die an gebrochenem Herzen starb.

FRANKENSTEINS UNGEHEUER

Burg Frankenstein, Odenwald, Hessen

F*rankenstein oder Der moderne Prometheus,* von Mary Shelley im Alter von achtzehn Jahren geschrieben, war ihr erstes und größtes Werk. Die geborene Mary Wollstonecraft Godwin war die Tochter der feministischen Schriftstellerin Mary Wollstonecraft und des politischen Philosophen und Romanautoren William Godwin. Eigensinnig und immer voller Ideen wie sie war, brannte sie mit dem romantischen und umstrittenen Dichter Percy Bysshe Shelley im Jahre 1814 nach Frankreich durch und heiratete ihn zwei Jahre später, nachdem seine erste Frau ins Wasser gegangen war. Shelleys Interesse für Schauergeschichten übte großen Einfluß auf Mary aus. Im Sommer des Jahres 1816, als sie und ihr Mann in der Schweiz neben Lord Byron und seinem Gefährten Dr. John Polidori wohnten, begann die Saat dieses ungewöhnlichen Romans zu keimen.

Mary Shelley (1797 – 1851) nach einem Porträt von S. J. Stump.

Mary Shelleys Tagebuch zufolge war es ein verregneter und stürmischer Sommer, und daher war das Quartett dieser genialen Literaten oft an Byrons Villa im kleinen Cologny außerhalb von Genf gefesselt. Hier verbrachten sie die Zeit, indem sie im Rausch von Alkohol und Opium einander ganze Bände von deutschen Geistergeschichten vorlasen, und es war Lord Byron, der die berühmte Herausforderung äußerte, jeder der Versammelten solle eine wahrhaft gruselige Sage schreiben, die selbst die nachfolgenden Generationen in Angst und Schrecken versetze. Einige Tage später lauschte Mary einer langen Diskussion zwischen Byron und Shelley, die sich angeregt über Erasmus Darwins biologische Experimente und philosophische und wissenschaftliche Doktrine unterhielten, in denen es um die Natur des Lebens ging und die Möglichkeit, Leichen wiederzubeleben, oder gar eine Kreatur aus Teilen menschlicher Körper zusammenzusetzen und ihr durch wissenschaftliche Methoden Leben einzuhauchen. In dieser Nacht hatte sie einen so grauenhaften Alptraum, daß sie nicht wieder einschlafen konnte.

„Ich sah – mit geschlossenen Augen aber mit scharfem geistigen Gesicht – ich sah den bleichen Schüler der unheiligen Künste neben dem Ding knien, das er zusammengesetzt hatte. Ich sah die gräßliche Erscheinung eines ausgestreckten Menschen, und dann, wie sie beim Arbeiten irgendeiner starken Maschine Zeichen von Leben gab und sich mit ungelenker halb-lebendiger Bewegung rührte. Die Erscheinung mußte schrecklich sein, denn höchst schrecklich mußte die Wirkung jeder menschlichen Bemühung sein, den staunenswerten Mechanismus des Schöpfers der Welt nachzuahmen."

Mary Shelleys Tagebuch zufolge verbrachte das in Byrons Villa versammelte Quartett die Zeit mit dem Vorlesen ganzer Bände von deutschen Geistergeschichten. Byron selbst formulierte die Zielsetzung, jeder der Anwesenden möge eine wahrhaft gruselige Sage schreiben, vor der noch Generationen erschauern sollten.

Am darauffolgenden Morgen begann sie mit der Arbeit an ihrem Roman, der schließlich im Jahre 1818 veröffentlicht wurde. Ihr ursprünglicher Entwurf war zu kurz, doch ihr Ehemann, der das Potential dieser Geschichte erkannte, ermutigte sie

zur weiteren Arbeit, und das Buch hatte unmittelbaren Erfolg. Heute gilt es als eine der besten Schauergeschichten, die je geschrieben wurde.

Eines jedoch bleibt rätselhaft. Wie oder warum wählte Mary Shelley den Namen *Frankenstein* für den jungen Edelmann und Medizinstudenten, der Gräber schändete, um aus Leichenteilen ein trauriges und erbärmliches Monster zusammenzusetzen, das ihn im Gegenzug selbst in den Tod trieb? Es ist gewiß kein sehr gebräuchlicher Name. Könnte die Sammlung deutscher Geistergeschichten, die in Byrons Villa vorgelesen wurden, darüber Aufschluß geben? Gab es eine wirkliche Familie Frankenstein?

Vor einigen Jahren borgte mir ein Freund ein Buch von Peter Ratazzi, *In Strangest Europe.* Darin fand ich ein Kapitel, übertitelt mit „Auf der Suche nach Frankenstein", worin es hieß, daß eine alte Familie diesen Namens tatsächlich existiert hatte; es war auch ein Photo ihres Stammsitzes abgebildet, der südlich von Darmstadt am Rande des Odenwalds gelegenen Burg Frankenstein. Mary Shelley hatte diese Region bekanntlich als junges Mädchen bereist, und so beschloß ich, die Burg zu besuchen.

Bildnis der Anna von Frankenstein, die 1566 starb. Gegenüberliegende Seite: Eine der Legenden über die Familie derer von Frankenstein berichtet von einem Vampir, der die Burg im Mittelalter heimsuchte. Bekanntlich hat Mary Shelley als junges Mädchen diese Gegend bereist, und möglicherweise war dies der Grund, ihrem Monster diesen Namen zu geben.

Die verfallenen Mauern von Burg Frankenstein sind über 700 Jahre alt, wiewohl zwei der Türme in jüngerer Zeit restauriert wurden. Erbaut wurde die Festung im Jahre 1252 von Konrad Reiz von Breuberg, dessen Nachkommen sich „von Frankenstein" nannten. Mehrere Legenden knüpfen sich an die Burg und das Geschlecht der Frankensteins, wobei interessanterweise zwei von Ungeheuern handeln. In einer geht es um einen Vampir, der die Burg im Mittelalter heimsuchte und des Nachts umherschweifte, das Blut der Dorfbewohner zu trinken, und eine junge Braut der Familie, die angeblich bleich und leblos in einem der zahlreichen Türme der Burg aufgefunden worden war. Die andere erzählt von Georg von Frankenstein, dem Drachentöter, der die Bewohner des Tales im sechzehnten Jahrhundert von einem schrecklichen Lindwurm erlöste. Er wurde in diesem Kampf tödlich verwundet, aber sein sepulkrales Bildnis mit der giftigen Echse zu seinen Füßen kann heute noch in der kleinen Kirche des nahegelegenen Dorfes Nieder-Beerbach bewundert werden.

Weitere Erzählungen ranken sich um die Burg. Peter Ratazzi erwähnt die Geschichte dreier Jungen aus Nieder-Beerbach, die unlängst völlig ahnungslos eine Reihe labyrinthischer Gewölbe unter der Burg Frankenstein entdeckt hatten, was Gerüchte aus dem achtzehnten Jahrhundert zu bestätigen schien, die von dem verborgenen Schatz der Familie erzählen. Es wurde jedoch nichts gefunden. Ein weiterer Grund für Mary Shelleys Besuch der Burg könnte die Verbindung zu dem berühmten deutschen Alchemisten Johann Konrad Dippel gewesen sein, der im Jahre 1673 dort geboren wurde. War dieser seltsame Mensch, dessen Experimente auf der Suche nach dem Geheimnis des Lebens das Kochen von Knochen und Haaren mit Eisenteilchen und Blutspritzern einschlossen, ihr Vorbild für Viktor Frankenstein gewesen?

Warum auch immer Mary Shelley den Namen gewählt hatte, der Roman selbst bleibt eine prophetische Vision einer Wissenschaft, die in Mißachtung der Natur Amok läuft – ein Thema, das überaus aktuell ist.

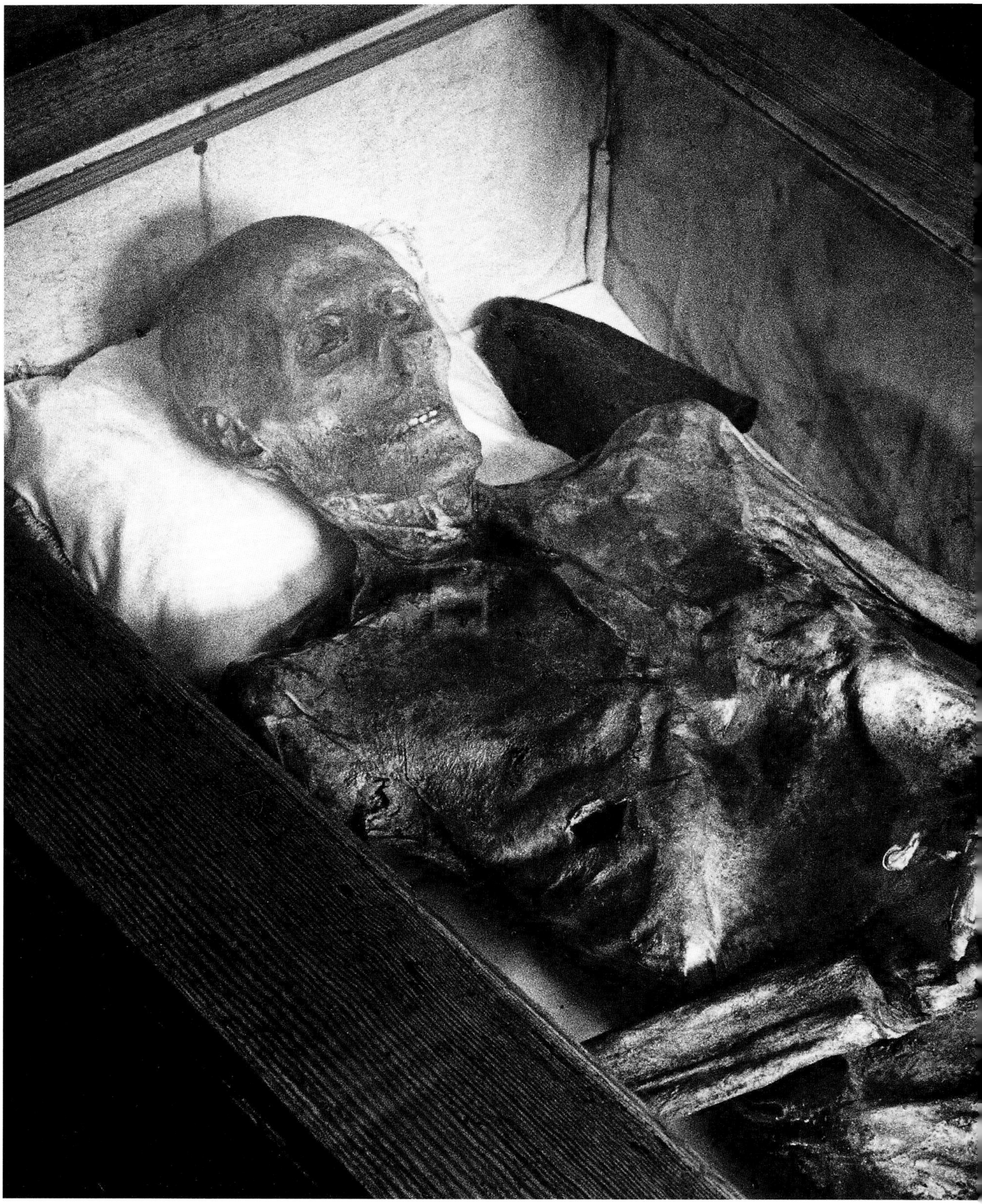

Durch die dunkelbraun gegerbte lederne Haut dieses Leichnams sind noch die Adern erkennbar. Auf einen solchen Anblick war ich nicht gefaßt, und so mußte ich mich am Sargrand stützen.

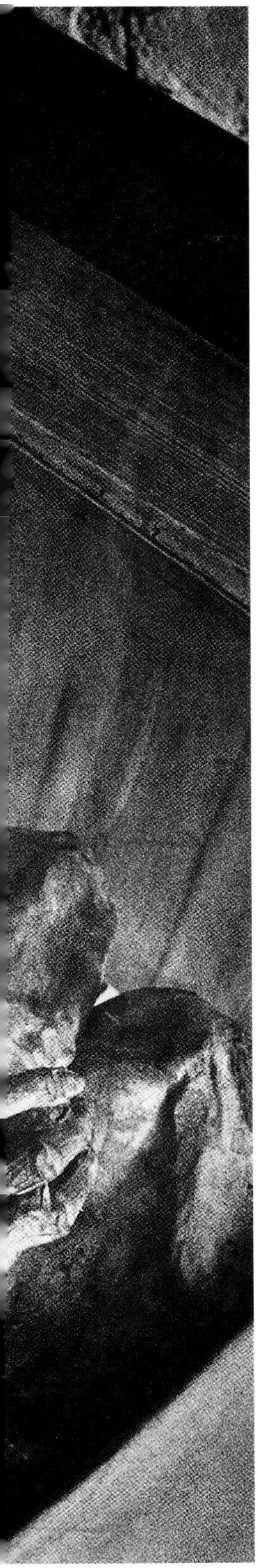

DER NACKTE RITTER

Kampehl, Brandenburg

Seine Leiche hat sich nicht zersetzt. Als Jugendlicher habe ich sie einmal gesehen und kann den Schock bis heute nicht vergessen, zumal es das erste Mal war, daß ich überhaupt einen Toten sah. Wenn Sie wirklich nach Untoten suchen, dann sollten Sie hinaus in das kleine Dorf Kampehl fahren, etwa siebzig Kilometer nordwestlich von Berlin, und sich diesen schaurigen Kadaver ansehen."

Der hochgewachsene, unauffällig aussehende Mann hinter dem Tresen zapfte mein Bier zu Ende und kassierte. Etwas an seinem Tonfall ließ mich den Entschluß fassen, dieser bizarren Geschichte nachzugehen.

Beinahe sechs Monate später wurde ich in einen winzigen dunklen Raum geleitet, der der Kapelle von Kampehl angeschlossen war, wo ich eine Treppe hinabstieg und mich sodann vor einem mächtigen hölzernen Sarg wiederfand. Der Ritter ist nicht sehr groß, seine Hände scheinen zum Gebet gefaltet. Abgesehen von einem Tuch um die Lenden ist er unbekleidet, und es lassen sich immer noch Zähne, einige Haare auf dem Schädel und der Penis erkennen. Unter der dunkelbraunen Schattierung seiner ledernen Haut sind die Venen noch sichtbar. Auf einen derartigen Anblick war ich nicht vorbereitet gewesen. Ich klammerte mich an den Seitenwänden des Sarges fest. Die Wächterin der mumifizierten Leiche, eine alte Dame, die in einer schwach erleuchteten Ecke des Raumes saß, bemerkte meinen Zustand und begann mit äußerst langsamer, aber klarer Stimme von dem Ritter zu sprechen. Sein Name war Christian Friedrich von Kahlbutz und er wurde im Jahre 1651 auf Schloß zu Kampehl geboren. Dieser kühne Ritter war über alle Maßen herrschsüchtig, ein von Frauen und seiner sexuellen Gier besessener Mann. Seine Frau schenkte ihm elf Kinder, aber soweit bekannt war, hatte er bei einheimischen Mädchen noch vierundvierzig weitere gezeugt. Eine seiner zahlreichen Grausamkeiten bestand darin, daß er häufig auf seinem „Recht der ersten Nacht" bestand und die frisch vermählten Frauen zum Beischlaf zwang.

Einmal gierte er nach einem besonders hübschen Mädchen, einer Jungfrau namens Maria Leppin. Sie war einem jungen Schäfer aus dem Nachbardorf Bückwitz versprochen, den sie herzlich liebte. Von den Zudringlichkeiten des Ritters entsetzt, wagte sie, sich ihm zu widersetzen. Der in seinem Stolz gekränkte Ritter rächte sich an ihrem Verlobten: er erschlug ihn eines Nachts auf einem Feld vor dem Dorf. Es gab keine Augenzeugen, doch jeder wußte, daß Kahlbutz der Täter war. Die untröstliche Maria klagte ihn vor versammeltem Dorf an und brachte ihn vor Gericht, doch der elende Wüstling nutzte die Macht seiner adeligen Abstammung, der gerechten Strafe zu entkommen, und legte darüber hinaus den Schwur ab, daß, so er der Mörder sei, „der liebe Gott meinen Leichnam nicht verrotten lassen soll". Im Jahre 1702 starb er. Erst im Jahre 1794, als die Kirche unter den neuen Gutsherren restauriert wurde, öffneten die Arbeiter das Mausoleum der Familie Kahlbutz. Unter den zahlreichen Särgen fanden sie den, der den unbeschädigten Körper des Ritters enthielt. Er hatte sich mit seinem eigenen Fluch verurteilt, und seitdem heißt es, daß seine Seele niemals Ruhe fände.

Nachdem ich meine Fassung wiedergewonnen hatte, fragte ich die alte Dame, ob ich den Leichnam wohl photographieren dürfe. Mir das zu erlauben, sei sie nicht befugt, meinte sie und bezweifelte, daß es jemals jemandem gestattet worden war. Ich könne höchstens noch den Gemeindepfarrer fragen, der in Kürze zum Gottesdienst in der Kirche erscheinen würde.

Der Geistliche war jünger, als ich erwartet hatte, und hörte – eine Bibel an die Brust gedrückt – meinen Erklärungen, warum ich diesen unseligen Libertin photographieren wolle, genau zu. Die Verhandlungen dauerten lange an; erst nachdem ich ihm einige meiner früheren Bücher gezeigt hatte, willigte er in mein Vorhaben ein. Ich baute mein Stativ auf, und ganz langsam gewannen die skelettalen Züge des Kadavers im Objektiv an Schärfe. Ich fühlte mich ausgesprochen verletzlich. Die alte Dame erzählte mir weitere Legenden, die sich um dieses einzigartige Phänomen ranken.

Man sagt, daß im Jahre 1806 einige Soldaten der einmarschierenden französischen Armee den Leichnam des Ritters gefunden und aus dem Sarg genommen hatten, um ihn an ein großes hölzernes Kreuz in der Kirche zu nageln. Als sie ihn jedoch hochheben wollten, schwang ein Arm in das Gesicht eines der Soldaten, so daß der Mann auf der Stelle einen Herzschlag erlitt. Zudem wird berichtet, daß um die Jahrhundertwende die jungen Männer des Dorfes die Mädchen zu erschrecken pflegten, indem sie mit dem Leichnam nach Einbruch der Dunkelheit durch die Straßen zogen, und einmal wurde er sogar zur Hochzeitsnacht in das Bett eines frischvermählten Paares gelegt. Später war der Leichnam sichergestellt worden. Viele Jahre lang stand er aufrecht im Wartezimmer einer chirurgischen Arztpraxis im nahen Neustadt.

Ich fragte die alte Dame, wieviele dieser Geschichten lediglich volkstümliche und religiöse Moritaten seien. Sie erwiderte lächelnd, man könne das nicht mit Bestimmtheit sagen. Sie wisse nur, daß im frühen zwanzigsten Jahrhundert zwei bedeutende und hochangesehene Pathologen, Virchow und Sauerbruch, eine gründliche Autopsie an der Leiche vorgenommen und keine Spuren von konservierenden Stoffen gefunden hatten; sie konnten keine wissenschaftliche Erklärung dafür liefern, warum der Leichnam sich nicht zersetzt hatte.

Später suchte ich nach dem Schloß, auf dem der Ritter das Licht der Welt erblickt hatte, konnte aber keine Spur davon entdecken. Alles was ich sah, war das gruselig starrende Gesicht des dreihundert Jahre alten Kadavers, das kurz zuvor in meinem Objektiv erschienen war.

DIE NADEL DES TODES

Burg Lauenstein, Frankenwald, Bayern

Ich stieß durch Zufall auf Burg Lauenstein, als ich durch den Norden Bayerns in Richtung der alten deutsch-deutschen Grenze fuhr. Die vorangegangene Nacht war ich in Bayreuth gewesen, wo ich eine Aufführung von Wagners dramatischer Oper *Der Ring* besucht hatte, und meine Sinne wandten sich frisch geschärft meiner Umgebung zu. Es war früh am Morgen, und der Himmel klarte nach einem heftigen Regenschauer gerade wieder auf, als die Burg plötzlich hoch über dem dunklen Wald vor mir auftauchte. Ihre spitzen Märchentürme ragten bis in die schwarzen Wolken. Ich verließ die Hauptstraße und gelangte durch ein kleines Dorf zur Burg, passierte die Toreinfahrt und fuhr die Auffahrt hoch, doch das große Gebäude schien verschlossen und verlassen. Ich stellte den Wagen ab und ging zum Haupteingang, dessen altmodische Glocke ich betätigte, doch nichts rührte sich.

Katharina von Orlamünde nahm eine sehr lange und spitze Nadel und stieß sie langsam in das Gehirn jedes Kindes. Sie begrub sie eigenhändig im Schutz der Nacht, auf dem Friedhof eines Klosters.

Enttäuscht machte ich kehrt, doch während ich noch überlegte, wie ich meine Reiseroute so umstellen konnte, daß ich hierher zurückkehren konnte, näherte sich plötzlich wie aus dem Nichts die Gestalt einer jungen Frau mit wehendem blonden Haar und stellte sich mir vor. Sie sagte, sie helfe bei den Banketten, die gelegentlich auf der nun in Staatsbesitz befindlichen Burg abgehalten wurden, und heute sei es ihre Aufgabe, hier aufzuräumen. Ihr Englisch war sehr gut, aber es waren ihre Augen, die mich zutiefst beeindruckten: sie waren derart strahlend und von einer solchen Anziehungskraft, wie ich es noch nie gesehen hatte. Sie erzählte mir, daß die Burg im zwölften Jahrhundert von den Grafen von Orlamünde erbaut worden war, danach aber viele Male den Besitzer gewechselt hatte. Als ich mich nach Geistergeschichten erkundigte, die mit dem alten Gebäude in Verbindung stehen, wandte sie sich um und erzählte, während ihr Blick auf der Burg ruhte, sogleich folgende Geschichte, die ihrer Aussage zufolge in alten, seit dem sechzehnten Jahrhundert auf der Burg verwahrten Dokumenten festgehalten und in der Umgebung gut bekannt ist.

„Ein früherer Burgherr, Graf Otto von Orlamünde, starb auf dem Schlachtfeld und hinterließ eine wunderschöne, aber eigensinnige junge Witwe, Katharina von Orlamünde, mit ihren zwei kleinen Kindern. Nach einer angemessenen Trauerzeit verliebte sich Katharina leidenschaftlich in einen gewissen Albrecht von Nürnberg, genannt „Albert der Schöne". Er erfreute sich vieler Bewunderinnen und war nicht so sehr in sie vernarrt, während sie ganz und gar von ihm berauscht war. Sie wandte all ihre weiblichen Reize auf, ihn zu umgarnen, und war schließlich überzeugt davon, daß ihre beiden Kinder ihre Aussicht, den Angebeteten zu ehelichen, zunichte machten. Sie beschloß also, die Kleinen zu töten, wußte sich aber keinen Rat, wie sie die Morde begehen sollte, ohne daß ihre Schuld entdeckt würde. Letztendlich ergriff sie eine sehr lange, spitze Nadel, und stieß sie langsam in das Gehirn jedes Kindes. Kaum ein Kratzer war zu sehen, und ihren Bediensteten und Freunden erzählte sie, daß die beiden an einer geheimnisvollen Krankheit gestorben seien. Niemand wagte, sie näher zu befragen. So begrub sie die Leichen heimlich im nahen Kloster von Himmelkron. Schon nach wenigen Stunden wurde sie von einer schrecklichen Reue ergriffen und war überzeugt, daß die Einheimischen ihr Verbrechen entdecken würden. Sie beschloß, den Rest ihres Lebens als Nonne in diesem Kloster zu verbringen. So konnte sie ihren Lieben nahe sein und einer möglichen Verhaftung und Hinrichtung entgehen. Ihre Seele sollte jedoch keine Ruhe finden, und ihr Geist zieht nach Einbruch der Dämmerung noch durch die alten Gänge und Gewölbe der Burg. Sie ist in Weiß gekleidet und hinterläßt einen traurigen, bleichen Eindruck; tiefe Seufzer und Klagen gehen ihrer Erscheinung voraus. Am liebsten geht sie auf der geheimen Treppe zum Hauptturm um."

Das Mädchen schien diese Geschichte aufrichtig zu betrüben. Als ich mich danach erkundigte, ob sie den Geist selbst gesehen hatte, schien sie mich nicht zu hören. Sie antwortete nicht, sondern ging einfach zur Burg zurück, ohne sich auch nur zu verabschieden.

Katharina fand auch nach ihrem Tod keinen Frieden. In der Dämmerung zieht ihr Geist durch die Gänge und Gewölbe von Burg Lauenstein. Dabei bevorzugt sie die Geheimtreppe des Hauptturms.

DAS VERSCHLOSSENE ZIMMER

Burg Falkenstein, Harz, Sachsen-Anhalt

Im Jahre 1969 erhielt ich von meinem Vater ein Buch mit dem Titel *The Confessions of a Ghost-Hunter* von Harry Price, dem bedeutenden und umstrittenen Parapsychologen. Dort sind viele seiner interessantesten Nachforschungen auf dem Gebiet des Paranormalen beschrieben, auch Spukphänomene, von denen mich eines ganz besonders faszinierte. Es betraf eine Burg im östlichen Teil des Harz, die er 1935 besucht hatte, gerade als Hitler Deutschland für den Krieg aufrüstete.

Der Harz ist schon lange mit dem Übernatürlichen in jeder Form in Verbindung gebracht worden, und hier, auf der Spitze des Brocken, treffen sich die Hexen jeden 30. April zur Walpurgisnacht, wie es Goethe im ersten Teil des *Faust* so lebhaft beschrieben hat. Burg Falkenstein geht auf das zwölfte Jahrhundert zurück. Price beschrieb sie als „eines der schönsten Exemplare einer mittelalterlichen Residenz, das ich je gesehen habe". Vor den Augen der Außenwelt versteckt, thront sie mitten im Wald hoch oben auf einem Felsen.

Harry Price (1881 bis 1948). Der Besuch des berühmten Parapsychologen auf Burg Falkenstein weckte mein Interesse für das Spukbett und das verschlossene Zimmer.

In der Burg wurde Price eine kleine Tür gezeigt, die mit einem massiven eisernen Schloß versehen war. Sie war jahrhundertelang nicht geöffnet worden, und keiner wußte, was der dahinterliegende Raum enthielt. Doch sollte sie je geöffnet werden, drohte den Burgbesitzern großes Unheil. Am meisten interessierte Price jedoch das „Spukbett", ein ausladendes hölzernes Gestell mit kunstvoll geschnitzten Figuren, das, von alten Wandbehängen umgeben, in einem großen Raum stand. In diesem Schlafzimmer und im Bett selbst sollte die Weiße Frau von Falkenstein umgehen, angeblich eine Ahnin des heutigen Besitzers der Burg, Graf von Asseburg. Price bemühte sich vergebens, von dem alten Mann die Erlaubnis zu erhalten, die Nacht in dem Bett zu verbringen, denn der Graf wollte weder den Raum noch den Geist gestört wissen. Nicht lange nach Price' Besuch brach der Zweite Weltkrieg aus, und bis vor kurzem war die Burg von der westlichen Welt abgeschnitten gewesen. Ich hoffte, nun endlich das Geheimnis des verschlossenen Zimmers zu lüften.

Auf Burg Falkenstein befindet sich ein Raum, der über viele Jahre verschlossen war und ein schreckliches Geheimnis bewahrte, dessen Wesen nur der Familie bekannt war. Als die Tür im Jahr 1945 von amerikanischen Soldaten gewaltsam aufgebrochen wurde, erfüllte sich der grausame Fluch.

Bei meiner Ankunft in den Bergen versuchte ich, dem selben Weg durch den Wald zu folgen, den Price gegangen war. Als die Burg schließlich in Sicht kam, entsprach sie fast genau der Vorstellung, die ich mir nach Price' Beschreibung von ihr gemacht hatte, und bald stieg ich die steinernen Stufen zu einer alten Holztüre hinauf, wo mich eine Kustodin in Empfang nahm. Im Innern gewann man den Eindruck, als hätte sich jahrhundertelang nichts verändert, obwohl sich hier nun ein staatliches Museum befindet. Es ist angefüllt mit antiken Möbeln, merkwürdigen Kunsterzeugnissen und Jagdtrophäen.

Während wir den gewundenen Gängen durch die Türme folgten, erfuhr ich die Geschichte der Burg. Sie war im zwölften Jahrhundert von Burchard von Konrads-

burg erbaut worden, der ursprünglich auf einer Burg im nahen Ermsleben gewohnt hatte. Er soll den Grafen Adalbert Ballenstedt getötet, manche behaupten, ermordet und aus Buße seine Burg bei Ermsleben in ein Kloster umgewandelt und seinen Familiennamen in Valkenstein geändert haben. Im zwölften und dreizehnten Jahrhundert erlangte die Familie Valkenstein große Macht in der Region. Später änderten sie aus nicht bekannten Gründen ihren Namen ein weiteres Mal und nannten sich Falkenstein. Im Jahre 1334 starb die Familie aus. Das letzte Familienmitglied, ein sehr religiöser Mann, der keine Nachfahren hatte, vermachte die Burg der Abtei von Halberstadt. Ein Jahrhundert darauf wurde sie an die Familie Asseburg verkauft, in deren Besitz die Burg bis zum Ende des Zweiten Weltkriegs verblieb.

Wir hatten nun den Raum betreten, der das Spukbett beherbergte, das Harry Price so beindruckt hatte. Es ist wesentlich größer, als ich erwartet hatte, ein einzigartiges, atemberaubendes Kunstwerk. Als ich meine Führerin nach dem Geist der Weißen Frau von Falkenstein fragte, wollte sie nichts weiter dazu sagen, als daß die Burg die Nacht über meist leer stand, so daß ihre Existenz nicht nachgewiesen werden könne.

Schließlich stiegen wir mehrere gewundene steinerne Treppen hinab zur Privatkapelle, in der Martin Luther gepredigt haben soll. Seitlich von ihr befindet sich der Geheime Raum, den Price bei seinem Besuch nicht betreten konnte. Heute steht die Tür offen, doch vieles von dem Geheimnis, warum sie so lange verschlossen gehalten wurde, bleibt bestehen. Ursprünglich war dieser Raum eine Sakristei und galt als der sicherste Ort der Burg, da es nur eine Tür und keine Fenster gab. Der Zutritt war dem Priester und den Burgherren vorbehalten, und da es ein derart sicherer Ort war, wurden die Besitzurkunden der Burg dort verwahrt.

Im Innern der Burg, die heute ein Museum ist, gewann man den Eindruck, als hätte sich seit Jahrhunderten nichts verändert.

Dem gegenwärtigen Grafen von Asseburg zufolge hatte jeder in der Gegend gewußt, daß etwas oder jemand hinter einer Wand dieses Zimmers eingemauert war, doch die volle Wahrheit war und bleibt ein Rätsel. Der Graf bestätigte, daß die Urkunden und weitere wichtige Dokumente bis zum Jahre 1604 in dem Raum aufbewahrt worden waren, doch dann war etwas geschehen, das den Fluch nach sich zog, demzufolge das Zimmer nie wieder von einer Menschenseele betreten werden sollte, damit nicht ein großes und schreckliches Unglück die Familie Asseburg befalle.

Unter den Einheimischen geht die Sage, daß im Jahre 1839 die Tür geöffnet und das Zimmer durchsucht wurde. Arbeiter sollen in einem Hohlraum das in Fetzen gehüllte Skelett einer Frau entdeckt haben. Ihre sterblichen Überreste wurden später auf dem Friedhof im nahen Pansfelde beigesetzt. Es existieren viele Theorien bezüglich der Identität der Toten. Entweder war sie geopfert worden, um böse Geister von der Burg abzuwehren – einem aus der Zeit der Kelten stammenden Brauch entsprechend – oder es handelte sich um eine Heilige, die ihr Leben zur Verfügung gestellt hatte, um die Schuld eines anderen, wahrscheinlich eines Adligen, zu sühnen. Dies war im Mittelalter ein häufiger Vorgang. Das unglückliche Opfer verhungerte unter seinen

Gebeten für die Seele des Schuldigen. Als Gegenleistung wurden die Hinterbliebenen ausbezahlt. Wieder andere behaupten, sie sei eine Nonne gewesen, die als Strafe für sexuelle Vergehen bei lebendigem Leibe eingemauert, oder das Opfer eines Mordes, das dort versteckt wurde. Man sagt auch, der Graf hätte Befehl gegeben, den Raum wieder zu versiegeln, nachdem das Skelett gefunden worden war.

Eine andere Geschichte besagt, daß im Jahre 1910 nahe der Kanzel irrtümlich ein Loch in die Mauer des Raumes geschlagen wurde und die Großmutter des heutigen Grafen, eine äußerst wißbegierige junge Frau, eines Nachts ihre Hand hindurchgesteckt und etwas berührt hatte, was sie für ein Skelett hielt. Wie sich später herausstellte, war es das Bein eines geschnitzten Stuhles. Dann, im April 1945, gegen Ende des Zweiten Weltkriegs, besetzte die amerikanische Armee die Burg. Der heutige Graf bemühte sich vergeblich, die Truppen daran zu hindern, die Tür aufzubrechen. Am darauffolgenden Tag traf eine Nachricht aus dem nahen Ballenstedt ein, wo seine Großmutter lebte, die besagte, sie sei zu eben dem Zeitpunkt verstorben, als die betrunkenen Soldaten die Tür aufgebrochen und den Raum betreten hatten – dem 23. April 1945. Einige Wochen später mußte die Familie Burg und Vaterland verlassen.

Vor der Flucht faßten sich der Graf, seine Frau und sein Bruder ein Herz und beschlossen, da sie nichts mehr zu verlieren hatten, den Raum zu betreten. Sie fanden darin einen geschnitzten hölzernen Stuhl (war es derselbe, den seine Großmutter berührt hatte?), ein Loch im Boden, neben dem ein Haufen Erde aufgeschüttet war, eine Werkbank und schließlich einen grausigen Fleischerhaken, der an einer Kette von der Decke hing.

Durch die düsteren Gänge der Burg gelangte ich in den kostbar ausgestatteten Schlafraum. Dort steht ein riesiges prunkvolles Bett, das vom Spuk der Weißen Frau von Falkenstein befallen ist.

DIE RUHELOSE TOTE

Burg Rothenberg, Thüringen

Als ich den steilen Pfad zu dieser schaurigen Burg erklomm, sah ich plötzlich einen Lichtschein aufblitzen. Es war die scharfe Schneide der Axt eines Holzfällers, die sich im Licht der untergehenden Sonne hob und niederfuhr. Ein Gastwirt hatte mir am Abend zuvor von der alten Ruine erzählt, und nun näherte ich mich dem alten Mann in der Hoffnung, etwas über ihre Vergangenheit zu erfahren. Der Schweiß troff ihm von der sonnenverbrannten Stirn, und als er ihn abwischte, bemerkte ich dort eine lange tiefe Narbe. Er wies auf die massiven steinernen Adler, die auf den Mauern der Burg thronen, und sagte, daß sie nach den einst sehr mächtigen Grafen von Rothenberg benannt sei, die jedoch schwere Zeiten durchmachen mußten, worauf die Burg allmählich verfiel. Ich fragte ihn, ob es dort spuke, und bekam folgende Legende zu hören, die, wie er meinte, schon jahrhundertealt war.

„Als die Grafen von Rothenberg noch höchste Macht genossen, beauftragten sie eine alte Frau aus dem nahen Dorf Kelbra, ihnen ihr Essen zu bringen. Sie trug es jeden Morgen zur Burg hinauf und kehrte dann manchmal nachmittags, manchmal am frühen Abend und gelegentlich erst um Mitternacht zurück. Sollte sie bei Vollmond unterwegs sein, begegnete sie immer dem Geist der Sophie Gräfin von Rothenberg, die durch die Wälder unterhalb der Burg strich, da sie keine Ruhe finden konnte. Immer erkundigte sich die alte Frau, wie sie ihr helfen könne und woher ihre Verzweiflung rühre, doch die Erscheinung nötigte ihr nur jedesmal das folgende Versprechen ab: Falls sie einem hochgewachsenen Mann in einem langen schwarzen Mantel begegne, der einen bissigen Hund bei sich führte, so solle sie ihn ganz gewiß fragen, wie lange sie noch als ruheloser Geist umherziehen müsse. Wenn die alte Frau den geheimnisvollen Mann später traf und ihm die bestimmte Frage stellte, pflegte er immer zu antworten: ‚Nur noch hundert Jahre'."

Der Waldarbeiter kannte die Quelle dieser Legende nicht, meinte aber, es gäbe noch eine spätere Geschichte aus dem neunzehnten Jahrhundert, die den geisterhaften Ruf der Burg untermauerte. Ein Einsiedler aus der Gegend hatte sich auf den einzigen noch erhaltenen Turm der Burg zurückgezogen. Er galt als verrückt, und so hielten sich die Dorfbewohner ängstlich von ihm fern. Eines Tages, mitten im bitterkalten Winter, entdeckte ein Bauernjunge seine Leiche, wie sie aus dem Fenster des Turmes hing. Er mußte schon mehrere Tage tot gewesen sein, doch der üble Ruf der Burg und sein angeblicher Wahnsinn hatten die Entdeckung verzögert. Im tiefen Schnee unter dem Turm wurden zwei Spuren gefunden: die eines Mannes und eines Hundes.

Ich fragte ihn, ob er diese Geschichten für wahr halte. Er zögerte eine Minute, wie tief in Gedanken versunken, blickte dann langsam um sich, bevor er sich wieder mir zuwandte und seine wohlüberlegte Antwort gab: „Ich habe nie einen Geist gesehen, und ich bete zu Gott, daß es so bleiben möge."

Auf dem Rückweg von Burg Rothenberg zu ihrem Dorf traf die alte Frau regelmäßig auf den Geist der Sophie Gräfin von Rothenberg. Dann stellte sie die Frage, wie lange sie noch als unruhiger Geist umherziehen müsse.

RUMÄNIEN

Wir sind hier in Transsilvanien, und Transsilvanien ist nicht England.
Unsere Wege sind nicht die Ihrigen und manches möchte Ihnen sonderbar
erscheinen.

„Jonathan Harkers Tagebuch", Dracula, Bram Stoker (1847 – 1912)

Bevor ich nach Rumänien aufbrach, wurde mir von einem Menschen mit seherischen Fähigkeiten von der Reise abgeraten. Es ginge nicht so sehr darum, was mir dort zustoßen, sondern um das Böse, das ich von dort mitbringen könnte. Ich beherzigte seinen Rat nicht, denke aber, daß ich nun genau weiß, worauf er das Wort „Böse" bezog, denn die dämonische Gestalt des wahren Dracula, oder Vlad Tepes (Vlad der Pfähler), der im fünfzehnten Jahrhundert lebte, wirft immer noch seinen dunklen Schatten auf dieses schöne, ungezähmte Land. Vlad Dracul, Draculas Vater, stammte vom mächtigen Geschlecht Basarab ab. Das Wort Dracul bedeutet soviel wie „Teufel" oder „Drache", und Dracula heißt „Sohn des Teufels".

Von meiner Ankunft in Bukarest bis zu meinem Besuch an Draculas Grab im Inselkloster von Snagov waren die Zeichen des Übernatürlichen allgegenwärtig. Durch Rumänien zu reisen, kann sehr deprimierend sein. Die Städte sind entstellt durch Umweltverschmutzung und die riesigen, leeren Betonsiedlungen, in die der letzte Diktator des Landes, Nicolae Ceauşescu, die Bauern pferchen wollte. Dieser schreckliche Anblick wird jedoch wettgemacht von der wilden Schönheit der Berge und den schillernden Gestalten der Zigeuner. Schließlich wird der Reisende an die Gefahren seines Unterfangens gemahnt, wenn er an einem der zahlreichen am Wege stehenden Schreine vorbeikommt, die als Zuflucht vor bösen Geistern dienen, oder wenn bei Einbruch der Finsternis das unheilverkündende Heulen der Wölfe einsetzt.

Die Rumänen sind ein romanisches Volk, das seine Abstammung bis auf die Daker und die Römer zurückführt. Ihr Glaube an Vampire, Werwölfe und die „strigoi" – eine Kreatur, die weder tot noch lebendig ist – durchzieht ihr folkloristisches Erbe. Man kann sich gut vorstellen, wie diese bösen Geister durch die rauhe Landschaft und die mittelalterlichen Dörfer und Städte ziehen. In einigen Gegenden ist der Anteil der deutschen Bevölkerung sehr hoch, und durch die unglaublichen Gerüchte, die deutsche Händler auf ihren Reisen im fünfzehnten Jahrhundert weiter verbreiteten, erfuhr die westliche Welt zum ersten Mal von den berüchtigten Verbrechen von Dracula und den Vermutungen über seinen Vampirismus.

Bram Stokers *Dracula* war ein Meisterwerk der Erfindungskunst, besonders, da er Rumänien ausschließlich aus Büchern und Landkarten kannte. Doch bei den Rumänen gilt der wahre Dracula als Volksheld, der das Land vor den Schrecken der einmarschierenden Türken rettete, und sie zeigen sich aufrichtig verwirrt über das Bild des Betrügers, das Stoker von ihm gezeichnet hat. Mir jagte jede der Stätten, die ich besichtigte, Angst ein. Und obgleich dieser Teil meiner Reise aufregend war, erwies er sich oft als Alptraum, der mit diesem Buch, so hoffe ich, ein Ende findet.

DIE DUNKLE BURG

Burg Corvin, Hunedoara, Transsilvanien

Hinter beißendgrauen und violetten Rauchwolken tauchte allmählich eine Vielzahl phantastischer Türme vor mir auf, die mit grotesken, heimtückisch blickenden Wasserspeiern verziert waren. Dies ist Rumäniens größte Festung, im vierzehnten Jahrhundert erbaut von dem transsilvanischen Kriegsherren Iancu de Hunedoara, dem „Weißen Ritter", oder János Hunyadi, wie ihn die Ungarn nannten. Die schwarze sepulkrale Burg steht heute inmitten des schlimmsten verfallenden Industriegebiets, und man konnte leicht den Eindruck gewinnen, nichtsahnend in ein Bild von Hieronymus Bosch hineingeraten zu sein. Ein steiler, über hundert Fuß tiefer Graben umgibt die Burg. Heute fließt dort lediglich ein schmales trübes Rinnsal, in dem die bleichen gespenstischen Gestalten kleiner Kinder baden.

Um zur Burg zu gelangen, mußte ich den Graben auf einer schmalen, von hohen Steinpfeilern notdürftig gestützten Holzbrücke überqueren. Ich war froh, daß ich dieses Wagnis überstanden hatte, und durchschritt die hoch aufragenden Tore. Ich fand mich in einem gewaltigen, beängstigenden Hof wieder, der zu einem Gewirr von Galerien, Wendeltreppen, gotischen Gewölben, tiefen Verliesen und dunklen Sälen führte, letztere angefüllt mit wuchtigen Säulen und verblichenen mittelalterlichen Wandbehängen. Überall hatte die Luftverschmutzung der Aura des Verfalls ihren schrecklichen Gestank und eine dicke Staubschicht hinzugefügt. In dem eindrücklichsten dieser Gemächer, dem Rittersaal, war zum ersten Mal auf meiner Rumänienreise von Dracula die Rede. Die Führerin beschrieb, wie dieser spätere Held und Dämon der rumänischen Folklore sich als verschlagener junger Mann mit Hunyadi, der im Jahre 1447 maßgeblich an dem Umsturz und der Ermordung seines Vaters beteiligt war, getroffen und einen wackeligen Frieden vereinbart hatte. Dracula selbst sollte später für kurze Zeit von Hunyadis kriegerischem Sohn Mátyás Corvin gefangengehalten werden.

Mátyás Corvin . Der furchtlose Ritter hielt von 1462 bis 1474 Graf Dracula gefangen. Vorhergehende Seiten: Draculas Palast in Tîrgovişte, Wallachei. Rechts: Burg Corvin ist Rumäniens größte Festung, deren schmutzüberzogene alte Gemäuer finsterste Geheimnisse von Mord und Folter bewahren.

Die dicken Burgmauern sind von einem gewaltigen Vermächtnis an Schrecken und entsetzlichen Geschichten durchdrungen. Die Führerin wies auf eine große Marmorsäule im selben Saal und erzählte, daß eine junge Frau im fünfzehnten Jahrhundert nackt daran festgebunden und ein Nagel durch ihren Kopf getrieben wurde, weil ihre unstandesgemäße Liebesaffäre mit einem niederen Bediensteten entdeckt worden war. Ihre weiß gekleidete, blutgetränkte Erscheinung geht angeblich im Hauptturm um und wurde von den Kustoden erst vor kurzem, im Jahre 1990, wieder gesehen. Bei Restaurierungsarbeiten im Jahre 1873 war ein weibliches Skelett unter den Turmstufen gefunden worden, dessen Schädel von einem rostigen Nagel gespalten war.

Wir begaben uns zurück in den Innenhof, wo ich zu einem tiefen, scheinbar bodenlosen Brunnen geführt wurde. Er war von drei unglückseligen türkischen Män-

nern ausgehoben worden, die von Hunyadis Heer gefangengenommen worden waren. Ihnen war die Freiheit versprochen worden unter der Bedingung, daß sie Wasser fänden. Nachdem sie neun Jahre lang mit bloßen Händen bis auf eine Tiefe von sechzig Fuß gegraben hatten, wurden sie schließlich fündig, doch Hunyadi war inzwischen gestorben. Sein Nachfolger hielt sich nicht an das Abkommen, und die unglücklichen Männer wurden von den Mauern der Burg in den Wassergraben gestürzt, wo sie ertranken. Ihre in den Felsen nahe des Grundes des Brunnen geritzten Namen sind heute noch zu sehen, zusammen mit der Inschrift: „Ihr habt Wasser, aber kein Herz."

Dann bekam ich einen Teil der Burg zu sehen, der als Amphitheater genutzt worden war, in dem Gefangene mit Bären und Löwen kämpfen mußten. Wenn sie unterlagen, wurden sie den Tieren zum Fraß vorgeworfen. Meine Führerin erzählte mir

Im Rittersaal, dem eindrucksvollsten Raum auf Corvin, hörte ich zum ersten Mal in Rumänien von Dracula: Hier schloß der spätere Volksheld und Dämon einen brüchigen Frieden mit Hunyadi, dem Mörder seines Vaters Vlad Dracul.

auch, daß sich im Gefängnis unter dem Hauptturm einst eine tiefe Oubliette befand, angefüllt mit über vierzig menschlichen Skeletten, und im angrenzenden Raum eine massive schwingende Klinge angebracht war, in der Art, wie es in Edgar Allan Poes *The Pit and the Pendulum* beschrieben wird. Dieses grauenhafte Folterinstrument soll zahlreiche Gefangene in Stücke gerissen haben.

Als ich fragte, wie die Burg letztendlich zur Ruine wurde, antwortete sie, daß im Jahre 1854, nachdem der letzte Corvin das gesamte Mobiliar und alle Wertsachen verkauft hatte, um die Familienschulden zu tilgen, eines Nachts ein gewaltiger Sturm aufkam und ein Blitz in das Gebäude einschlug. Außer den Mauern entging nur die dicke Holztüre zum Turmgefängnis den Flammen. Die Burg blieb eine verlassene Ruine, bis etwa zwanzig Jahre danach die Restaurierungsarbeiten begannen.

Im Jahre 1854 war das Schicksal der Corvins besiegelt. Eines Nachts kam ein gewaltiger Sturm auf, der Blitz schlug ein, und die Burg fiel samt ihrer Bewohner den Flammen zum Opfer.

DIE VERSTECKTE LEICHE

Schloß Bontida, Transsilvanien

Cluj war einst ein provinzielles ungarisches Dorf, und vieles an seiner barocken Architektur erinnert an die mächtigen madjarischen Familien, die in dieser Region Transsilvaniens herrschten. Im beeindruckenden Geschichtsmuseum entdeckte ich eine bizarre Sammlung von Artefakten, Wappen und Plastiken, die der aristokratischen und vornehmen Häuser der Gegend gedenken. Ich war in der Betrachtung einer besonders auffallenden, makabren Figur eines Mannes, der gerade ein Kind verschlingt, versunken, als sich ein rumänischer Professor zu mir gesellte, der mich darauf hinwies, daß die Statue aus dem Schloß Bontida außerhalb von Cluj geborgen worden war, das dem einflußreichen Geschlecht der Bánffy gehört hatte. Als ich ihm von meinem Interesse an Ruinen und dem Übernatürlichen erzählte, meinte er, dieses Herrenhaus wäre bestimmt das Richtige für mich. Früher, so fügte er hinzu, hatten sich mehr als vierzig ähnlicher Statuen in Bontida befunden, doch viele waren zerstört oder gestohlen worden.

Statue des Kronos, der sein eigenes Kind verschlingt, von J. Nachtigall. Die Statue aus Bontida steht heute im Historischen Museum Transsilvaniens in Cluj-Napoca.

Später fand ich heraus, daß die Familie Bánffy auch ein Palais in Cluj erbaut hatte, in dem ihr Landsmann, der Komponist Franz Liszt (1811 – 86), häufig zu Gast war und mehrere Konzerte gab. Zweifellos würde er auch ihren Landsitz bei Bontida besucht haben. Liszts Musik war sehr von Transsilvanien beeinflußt, vor allem von den Zigeunern; er verfaßte sogar eine interessante Studie über ihre musikalische Tradition, *Der Zigeuner in der Musik*.

Als wir die nördlichen Ausläufer von Cluj hinter uns gelassen hatten und uns vorsichtig auf der staubigen Straße einen Weg zwischen den zahlreichen von Pferden gezogenen Karren und den Schlaglöchern bahnten, versuchte ich, mir das Schloß vorzustellen, als ich plötzlich die ersten Zigeuner sah. Viele dieser nomadischen Stämme haben sich in der rumänischen Bevölkerung assimiliert, doch es bleiben Gruppen dieser Unberührbaren, die ein geheimes Wissen in sich tragen, von dem wir nichts ahnen. Den Sonnen- und Feueranbetern werden übernatürliche Kräfte zugesprochen. Es hat den Anschein, daß dieser prekäre Respekt vor dem Übernatürlichen in Rumänien immer weit verbreitet war, sogar unter seinen Tyrannen. Auch in Bram Stokers *Dracula* existierte ein Pakt zwischen dem Stamm der Szgany und dem Grafen.

Wir setzten unsere Fahrt fort und bogen nach etwa zwanzig Meilen von der Hauptstraße in Richtung Schloß ab, dessen schaurige Silhouette nun am Horizont erschien. Als wir durch das Haupttor fuhren, war ich von der Größe des Anwesens überwältigt. Ich bemerkte beim Näherkommen mehrere zerbrochene Statuen, die auf dem Hof verstreut standen. Auf dem einst gewaltigen, massiven Gebäude fand ich die Reste des Wappen der Bánffy; in der Ferne erhob sich der Turm einer verfallenen Kapelle. Dahinter erstreckte sich ein riesiger Park, die zahlreichen uralten Bäume waren von

Auf dem großen Bogen der einstigen riesigen Stallungen Bontidas fand ich die Überreste des Wappens der Bánffy-Dynastie.

Die Einheimischen betrachteten Bontida mit Schrecken, und betraten es, wenn überhaupt, nur zögerlich.

Saatkrähen bevölkert, die mit einer wahren Kakophonie unser Eindringen kommentierten. Ohne Frage würde diese düstere Kulisse Liszt inspiriert haben, dessen Faszination für das Dämonische und Makabre sein Werk durchzieht.

Staubwolken wirbelten durch den Hof und binnen Minuten zog ein nicht enden wollender Strom von Bauern aus dem Dorf zu uns herauf, die sich zögerlich dem Hause näherten, auf das sie mit Ehrfurcht blickten, als sei es von Göttern erbaut worden. Mein Begleiter fragte sie, was sie von seiner Vergangenheit wüßten, und hörte, daß das Schloß und das ganze Gelände nun in Staatsbesitz wären (alle großen Gebäude und Anwesen in Rumänien wurden im Jahre 1947 verstaatlicht). Aufgrund ihrer ungarischen Herkunft war die Familie Bánffy bei den meisten Einheimischen nicht sehr beliebt, und, so fügte ein alter Mann hinzu, sie war so bösartig, daß kein anderes lebendes Wesen, nicht einmal ein Vogel, sich im Schloß aufhalten durfte. Ein anderer erzählte, daß der letzte des Geschlechts ein Schriftsteller gewesen sei, der sich gegen die Nazis auflehnte, die das Land besetzt und das Schloß zu ihrem Hauptquartier in der Region erklärt hatten. Er veröffentlichte seine Ansichten, und zur Strafe steckten die Deutschen das Haus in Brand. Er fügte hinzu, daß eine Gruppe von Zigeunern die Ruine danach für kurze Zeit bewohnte, doch eines Nachts plötzlich verschwand; niemand wußte warum.

Im großen Haus erwartete mich ein scheinbar endloses Labyrinth von Zimmern, deren bröckelnder weißer Verputz den alten Wänden eine geisterhafte Blässe verlieh. Als ich auf den Auslöser meiner Kamera drückte, trat plötzlich mein Führer in das Bild, als tauche er aus dem Nichts auf – ein ungebetenes Phantom, das mein Herz noch rascher schlagen ließ. Er schien erregt und bestand darauf, daß ich hörte, was eine alte Frau ihm eben erzählt hatte. Offensichtlich standen Schloß und Anwesen seit vielen Jahren in einem geisterhaften Ruf. Sie war sich nicht sicher, warum oder wie dieser zustandegekommen war, erinnerte sich aber, wie ihr Vater ihr von einem tragischen Ereignis erzählt hatte, das sich zugetragen hatte, als er noch ein Junge war. Die Bánffys waren talentierte Reiter, und eine ihrer Töchter, ein wunderschönes und eigensinniges junges Mädchen, verliebte sich in einen verrufenen Edelmann, dessen Anwesen in der Nähe lag. Sie pflegte oft auszureiten, um ihn heimlich zu treffen, doch einer der Stallburschen der Familie wußte von ihrer Affaire und drohte, da er eifersüchtig war, alles ihrem Vater zu verraten. In ihrer Verzweiflung, die Romanze geheimzuhalten, verführte sie den Jungen und erstach ihn, während sie noch beieinanderlagen. Danach vergrub sie seine Leiche auf dem Gelände. Der Geist dieses unglücklichen jungen Mannes war die Jahre über auf dem Anwesen gesehen worden. Es scheint, daß seine Leiche nie gefunden wurde, so daß seine Seele nun keinen Frieden findet.

Plötzlich wollte ich gehen; mein Begleiter stimmte mir zu und meinte, die Atmosphäre ersticke ihn. Als wir über den Hof zu unserem Wagen zurückgingen, bemerkte ich, daß der Himmel nun fast schwarz war und der Wind sich auf einmal gelegt hatte, so daß der Staub sich wieder auf der Ruine ablagerte. Sogar das unaufhörliche Geschrei der Krähen war verstummt; alles ruhte in einem unsicheren Frieden. Es war, als sollte ein schreckliches düsteres Geheimnisse gleich enthüllt werden.

In der Ferne erhob sich der Turm der verfallenen Schloßkapelle (oben). Mich ängstigte. Was suchte ich hier eigentlich? Das große Haus (rechts) bestand aus einem endlosen Labyrinth von Zimmern. Wo könnte der Leichnam des unglückseligen Jungen versteckt worden sein?

DRACULAS BURG

Zitadelle von Poienari, Argeştal, Wallachei

Als wir von der alten Stadt Curtea de Argeş zu Draculas Burg aufbrachen, schien mein Führer besorgter als sonst, rauchte eine Zigarette nach der anderen und schaute sich immer wieder nervös um, so als würden wir verfolgt. Die schmale Straße folgt dem Fluß Argeş, der sich durch idyllische Täler, die zwischen rauhen Felsen und steilen Schluchten liegen, schlängelt. So hatte ich mir Draculas Land vorgestellt. Ich fühlte mich ähnlich unsicher wie der unglückliche Jonathan Harker in Bram Stokers Roman. Seit vielen Jahren machten die rumänischen Touristenverbände die spektakuläre Festung Bran in Transsilvanien als den Sitz Draculas geltend, doch diese hat nur eine schwache Verbindung zu dem Volkshelden. Meinem Begleiter zufolge wurde seine eigentliche Burg bei Poienari vermutlich im vierzehnten Jahrhundert unter der Herrschaft des Geschlechts Basarab, seinen Vorfahren, gebaut, doch als Vlad den Thron der Wallachei bestieg, lag sie schon in Trümmern.

Das Denkmal Draculas steht in einem Park in Tîrgovişte. Der unbarmherzige Tyrann ließ seine Burg von Gefangenen wieder aufbauen, wobei kaum einer überlebte.

Eine Episode, die sich im Jahre 1457 zutrug, bietet ungehinderten Einblick in Draculas unbarmherzigen Charakter. Schon einige Zeit hatte er der Loyalität der Bojaren, der Edelmänner seiner Hauptstadt Trîgovişte, mißtraut, und als er erfuhr, daß sie einen seiner Brüder bei lebendigem Leibe begraben hatten, ergriff er die Gelegenheit, um schreckliche Rache an ihnen zu üben. Zweihundert dieser Aristokraten und ihre Familien wurden nach einem Ostergottesdienst von Draculas Mannen ergriffen. Zuerst wurden die alten Männer und ihre Frauen auf den Stadtmauern gepfählt, dann ließ er die jüngeren, arbeitstüchtigeren zusammenketten und zwang sie, die hundert Kilometer durch die zerklüftete Landschaft bis zur Ruine von Poienari zu marschieren. Viele starben *en route;* die anderen waren zerschunden, ihre edlen Gewänder hingen in Fetzen, manche waren sogar nackt. Die Gefangenen wurden mit der Peitsche in eine menschliche Kette gezwungen, um das Baumaterial auf den Berg zu schaffen. Die Restaurierungsarbeiten währten zwei Monate, und nur wenige überlebten diese Tortur.

Gerade als er diese Geschichte zu Ende erzählt hatte, kamen die dramatischen und schaurigen Überreste der Burg, die gefährlich auf einem Felsen etwa vierhundert Meter über der Straße thront, in Sicht. Sie bietet einen bedrohlichen Anblick, obschon nur zwei der ursprünglich fünf Türme erhalten sind (ein Drittel der Burg rutschte im Jahre 1888 den Berg hinab). Mein Begleiter meinte, wir könnten die 1.440 Stufen zum Gipfel hinaufsteigen, doch während er noch sprach, erbebte die Erde mit einem mächtigen Donnern, und wir rannten in Deckung. Bald fanden wir heraus, daß es sich um eine kontrollierte Sprengung gehandelt hatte, um die von einem Erdrutsch blockierte

Straße zu räumen. Wir verweilten beide sichtlich erleichtert an unserem Standpunkt, und ich machte mich daran, die Burg von dort unten zu photographieren.

Später unterhielten wir uns mit einigen Leuten im nahen Dorf Arefu, wo Gänse und Schweine zwischen den morschen Holzhäusern umherliefen. Ein Mann erzählte uns, wie Dracula aus der von den Türken umzingelten Burg floh. In der Nacht, bevor die Festung erstürmt werden sollte, schoß ein loyaler Rumäne einen Pfeil auf den Turm ab, in dem Dracula sich aufhielt. Seine Frau fand ihn, las die daran befestigte Nachricht und sagte, eher solle ihr Körper verrotten und den Fischen des Argeş als Nahrung dienen, als in die Gefangenschaft der Türken fallen. Dann stürzte sie sich von den Zinnen herab in den Fluß. Dracula jedoch folgte seinen Spähern durch einen geheimen Gang, der zum Fluß führte, und mit der Hilfe einheimischer Bauern gelang ihm die Flucht nach Transsilvanien. Als wir das Dorf verließen, fanden wir uns am Ende eines Beerdigungszuges wieder; die Seiten des Leichenwagens, der von vier schwarzen Pferden mit violetten Federn gezogen wurde, waren aus Glas, transparent wie ein Fluch. Der Tod war hier allgegenwärtig.

So hatte ich mir das Land Draculas vorgestellt. Die schaurigen Überreste seiner Burg ragten wie aus dem Nichts auf, auf einem Felsen rund vierhundert Meter über der Straße thronend.

DRACULAS PALAST DES BÖSEN

Fürstenpalais, Tîrgovişte, Wallachei

Im Jahre 1462 bereitete der türkische Sultan Mehmed der Eroberer den Angriff auf Draculas Hauptstadt, dem an den Ausläufern der Karpaten gelegenen Tîrgovişte vor. Der von Florescu und McNally verfaßten angesehenen Biographie *Dracula, Fürst mit vielen Gesichtern* zufolge, legt der griechische Chronist Chalcondyles dar: „Als sie sich sechzig Meilen nördlich der Zitadelle befanden, berichteten ihre Kundschafter von einem schauerlichen und furchterregenden Anblick, der später unter Draculas Schreckensherrschaft als ‚Wald der Gepfählten' bekannt werden sollte. Auf einer Fläche von über einer Meile waren tausende von Pfählen in einem riesigen Halbkreis angeordnet, an denen in verschiedenen Höhen die Überreste von etwa zwanzigtausend türkischen Gefangenen hingen; ihre Leichen befanden sich durch die sommerliche Hitze in einem Zustand vollständiger Zersetzung. Raben und andere Raubvögel der Karpaten hatten in ihnen gewütet und oft ihre Nester in den Schädeln und Gerippen ihrer Opfer gebaut. Die zerfetzten Reste ihrer knallbunten Kleidung flatterten vor dem Abendhimmel. Die ganze Gegend stank nach Tod – dem Geruch verwesenden Fleisches. Am darauffolgenden Morgen gab der Sultan seinem Heer den Befehl zum Rückzug."

Der „wilde Berserker, Fürst Dracula" speist an einer Tafel, umgeben von seinen gepfählten und zerhackten Opfern. Deutsche Flugschrift aus dem 16. Jahrhundert.

Wer sich den Toren von Draculas verfallenem Fürstenpalais nähert (von hier aus regierte er während drei verschiedener Perioden im fünfzehnten Jahrhundert als Woiwode oder Fürst der Wallachei), findet sich einer großen und einschüchternden Büste von Vlad dem Pfähler oder Vlad Tepes, wie er von seinen Landsleuten genannt wurde, gegenüber. Ich blieb stehen, um sie zu photographieren, wurde aber von jemandes Gegenwart hinter mir aufgeschreckt. Ich drehte mich um und erblickte einen alten Mann, einen Bettler, der mit seinem Stock wild gen Himmel stieß. „Tepes, Tepes," schrie er, und zweifellos imitierte er Draculas bevorzugte Foltermethode. Da wir uns nicht weiter verständigen konnten, gab ich ihm etwas Geld; danach folgte er mir zum Eingang des Palais, schien aber nicht hineingehen zu wollen.

Von den eigentlichen Regierungsgebäuden stehen nur noch die verfallenen Mauern über den dunklen Gewölben, die Küchen, Weinkeller, Gefängniszellen und Folterkammern enthalten; über all das herrscht der massive Chindia-Wachturm, den Dracula erbauen ließ. Er diente hauptsächlich dazu, drohende Angriffe frühzeitig zu erkennen, bot dem Tyrannen jedoch auch einen idealen Ausblick auf die zahlreichen Pfählungen und Folterungen unten im Hof. Unsere Palastführerin beschrieb einige von Draculas weiteren entsetzlichen Taten. Neben seiner Vorliebe für das Pfählen hatte er Männer, Frauen und Kinder blenden, erwürgen, erhängen, verbrennen, die Haut abziehen,

Eine große und einschüchternde Büste Draculas, oder Vlad der Pfähler, steht wie ein unheilverkündendes Denkmal am Tor seines verfallenen Palasts.

Dracula ließ alle Kranken, Blinden und Armen in den großen Speisesaal seines fürstlichen Hofes kommen, wo er ein gigantisches Festessen bereiten ließ. Als alle gegessen und getrunken hatten, soviel sie nur vermochten, verbrannte er sie bei lebendigem Leibe. Nur brüchige Mauern blieben von dem Palast. Die Kapelle dagegen ist gut erhalten.

rösten, zerstückeln und bei lebendigem Leibe begraben lassen. Ich betrachtete mehrere alte Kupferstiche, auf denen solche Taten dargestellt waren, davon eine, auf der Dracula am Tisch sitzend gezeigt wird, wie er umgeben von gepfählten und verstümmelten Opfern von einer heiligen Ikone ißt. Nach dieser besonders schockierenden Tat, die sich nahe der Stadt Brasov in Transsilvanien ereignet hatte, begannen viele, Draculas Ruf als Kannibalen und blutsaugendem Vampir Glauben zu schenken. Wie die Führerin hinzufügte, soll er im Verlauf seines Lebens den Tod von mehr als 100.000 Menschen verantwortet haben, darunter ein Drittel der Bevölkerung der Wallachei.

Eines seiner schamlosesten Verbrechen trug sich in der Zitadelle von Tîrgovişte selbst zu. Er lud alle Kranken, Blinden, Armen und Bettler der gesamten Gegend zu einem spektakulären Festessen ein, das im großen Speisesaal für sie bereitet wurde. Nachdem die vielen Bauern sich sattgegessen und soviel Wein getrunken hatten, wie sie nur vermochten, befahl Dracula seinen Mannen, das Herrenhaus in Brand zu setzen. Kein einziger seiner Gäste entging den Flammen.

Später zeigte man mir einen Geheimgang, der früher vom Palais zur fürstlichen Kapelle führte. Diese heilige Stätte ist gut erhalten, reich an Atmosphäre und Verzierungen, ein friedlicher Ort, an den sich das Monster oft zurückzog, nachdem er in einer Orgie des Tötens geschwelgt hatte. Dann flehte er von Gott Vergebung für seine Verbrechen, die er seiner Ansicht nach gerechtfertigterweise zum Wohle der Nation verübte. Zweifellos würden die unterwürfigen Priester an seiner Stelle Buße tun.

Ich hatte genug gesehen und gehört und ging vom Palais weg über ein Feld, wo ich dicht bei einer alten Mauer auf zwei steinerne Kreuze stieß. Das erinnerte mich an die bekannte Abneigung des Vampirs gegen Kreuze und Kruzifixe, und ich beschloß, letzteres während meiner weiteren Fahrt durch Rumänien bei mir zu tragen.

Der mächtige, unter Dracula erbaute Chindiaturm überragt den größtenteils verfallenen Fürstenhof. Von hier aus beobachtete er die zahlreichen Pfählungen und Folterungen, die im Innenhof stattfanden. Rechts: Die kostbar ausgestattete Kapelle war Schauplatz von Draculas Beichten, auf die immer neue Orgien des Mordens folgten.

DER DÄMON RUHT?

Draculas Grab, Kloster Snagov, Wallachei

Ich ging durch die Ecktüre, die Wendeltreppe hinunter und dann durch den finsteren Gang in die alte Kapelle. Ich wußte jetzt genau, wo ich das Scheusal zu suchen hatte. *„Jonathan Harkers Tagebuch", Dracula,* Bram Stoker

Wie so viele der Legenden, die sich um Draculas Leben ranken, sind die Umstände seines Todes und die darauffolgenden Anschuldigungen des Vampirismus von einem Geheimnis umgeben. Der Tod ereilte ihn im Wald Vlasia, versteckt im Marschland nördlich von Bukarest. Seine enthauptete und verstümmelte Leiche wurde von vorbeikommenden Mönchen gefunden, die sie dann zum Inselkloster von Snagov brachten, wo er vor dem Kirchenaltar beerdigt wurde. Manche behaupten, er sei von rachsüchtigen Landsleuten verraten worden, andere, daß er von einem bezahlten türkischen Attentäter ermordet und sein Kopf dem Sultan von Konstantinopel gebracht wurde, und einige sagen natürlich, daß er nicht tot ist und sein Geist als Vampir weiterlebt. Gesichert ist jedoch, daß die reich gekleidete Leiche, die im Jahre 1935 exhumiert wurde, enthauptet war (interessanterweise war Enthauptung eine anerkannte Methode, Vampire unschädlich zu machen). Sowohl Dracula als auch sein Vater hatten das Kloster zeit ihres Lebens reich beschenkt, und darüberhinaus war ihr Geschlecht mit der grausamen und unruhigen Geschichte der Gebäude mehr als 150 Jahre lang eng verbunden.

Dies also war der krönende Abschluß, ein Besuch der Grabstätte des legendären „Pfählers". In einer Stimmung erregter Besorgnis fuhren mein Führer und ich durch ein Labyrinth von Wäldern und unbeschilderten Straßen zum See. Schließlich erreichten wir das Marschland nahe des wunderschönen Gewässers. Rings um uns stand eine seltsame Mischung von Bauernkaten und den großartigen Villen ehemals kommunistischer Funktionäre, letztere noch immer von nervösen Soldaten bewacht. Wir machten uns auf die Suche nach jemandem, der uns mit einem Boot zur Insel bringen würde, doch nach Stunden langwieriger Verhandlungen schien es, als sei dies ein Fall, bei dem selbst die angebotenen Devisen nicht locken konnten. Wir beschlossen, daß wir zunächst die Nacht in der Nähe verbringen sollten. Wir fanden eine recht baufällige Gastwirtschaft nahe am Ufer und freuten uns auf unser Abendessen und ein Glas Wein.

Unser Wirt, ein breiter, geselliger Mann, genoß ganz offensichtlich die Anwesenheit eines Ausländers. Er war sehr darauf erpicht, mir zu erzählen, wie das Land unter dem kommunistischen Führer Ceauşescu gelitten hatte, der in den letzten Jahren vor der Revolution begonnen hatte, einen Sommerpalast beinahe direkt gegenüber des Klosters zu erbauen, wo Dracula angeblich zur Ruhe gebettet ist. „Vielleicht sind sie Blutsbrüder", fügte er mit einem verschlagenen Grinsen hinzu. Er sagte, daß die örtlichen Bauern glaubten, es spuke in der Abtei und auf der Insel, und daß Draculas Fluch noch immer über dem Gebiet läge. Fest steht, daß Snagov eine turbulente Vergangen-

Dies also war der Weg zu dem krönenden Ende, zum Grab des legendären Pfählers. Wir fuhren über unbeschilderte Straßen zum Inselkloster Snagov.

Im Kloster herrschte Totenstille. Alles war dunkel bis auf den flackernden Schein von Kerzen, der das Gold und Silber der zahlreichen Ikonen aufblitzen ließ. Auf dem Steinboden konnte ich deutlich die Umrisse eines Grabes erkennen, auf dem eine Vase mit Blumen, Draculas Porträt und ein leerer Kelch standen.

Vlad Tepeș
Dracula

LITERATURAUSWAHL

Baigent, Michael, Richard Leigh & Henry Lincoln, *The Holy Blood and the Holy Grail,* Jonathan Cape, London 1982

Florescu, Radu R. & Raymond T. McNally, *Dracula, Prince of Many Faces,* Little, Brown and Company, London 1989

Fraser, Robert J. & William F. Rannie, *Arctic Adventurer,* Ontario 1972

Iremonger, Lucille, *The Ghosts of Versailles,* Faber and Faber Ltd, London 1957

Leigh Fermor, Patrick, *Between the Woods and the Water,* John Murray, London 1986

Mackenzie, Andrew, *Dracula Country,* Arthur Barker, London 1977

MacNeill, Máire, *Máire Rua, Lady of Leamaneh,* Ballinakella Press, Irland 1990

Price, Harry, *Confessions of a Ghost-Hunter,* Putnam, London 1936

Ratazzi, Peter, *In Strangest Europe,* The Mitre Press, London 1968

Sabau, Nicolae, *Sculptura Baroca in Romania,* Editura Meridiane, Bukarest 1992

Sitwell, Sacheverell, *Romanian Journey,* Oxford University Press, Oxford 1992

Tehou, Claude, *Guide de la Bourgogne et du Lyonnais Mystérieux,* Les Guides Noirs, Paris 1974

Waldo-Schwartz, Paul, *Art and the Occult,* George Allen and Unwin Ltd, London 1977

DANKSAGUNG

Folgenden Personen gilt mein Dank für ihren Beitrag zur Entstehung dieses Buches:
David Henderson, Tom Graves, Sadie Chowen, James Moores,
Professor Nicolae Sabau, Valerie Packenham, Duncan McLaren, David Berry,
Alison Rosse, Commander Michael Forsyth-Grant, Jan Lucas-Scudamore,
Joe Grenham, Michael Sweeney, Gerald Carroll, Donald Macer-Wright,
Marcel und Antoine Captier, Nicole Dawe und Celia Brooke.

Mein besonderer Dank für ihre Unterstützung, Anregung, Aufmunterung
und unschätzbare praktische Hilfe an:
Andrew Dennis, Malcolm Frazer, Christoph Graf von Spreti,
Marius Ghenea, Christian Gotsch, Vivien Bowler, Andrew Barron, Mari Roberts und Lesley Baxter.

Schließlich meiner Frau Cassie
für ihre unendliche Geduld und ihren unermüdlichen Beistand.

BILDNACHWEIS

S. 14 Ballinakella Press; S. 38, 48 Hulton Deutsch Collection Ltd.; S. 52 aus *The Ghosts of Versailles* von Lucille Iremonger (mit freundlicher Genehmigung von Frau Elspeth Milford und Reverend J. R. Jourdain); S. 66 von Émile Bayard, Explorer Archives, Frankreich; S. 73 Museum Rennes-le-Château (Fam. Corbu-Captier); S. 78 Mary Evans Picture Library; S. 86 aus einem Porträt von S. J. Stump, Hulton Deutsch Collection Ltd.; S. 96 University of London, Harry Price Collection/Marsden Archive; S. 108 von J. Nachtigall, Historisches Museum von Transsilvanien, Cluj-Napoca/Marsden Archive; S. 127 Museum Tîrgovişte, Marsden Archive.